Linz, 3. Septe

Liebe Schülerin, lieber Schüler!

Hast du heute schon einen Brief bekommen? Nein? Schade! Briefe, Briefe, Briefe – ausschließlich darum geht es in diesem Heftchen. Wer bekommt sie nicht gerne? Du doch sicher auch? Und wenn es nur eine Postkarte von Tante Maria aus ihrem Urlaubsort ist oder eine Benachrichtigung vom fragwürdigen „Gewinn" eines Preisausschreibens, an dem man gar nicht teilgenommen hat.

Mit den Briefen ist das so eine Sache. Nur wer selbst welche schreibt, kann mit Recht darauf hoffen, auch welche zu bekommen. Am liebsten erhält man natürlich ganz lange, persönliche Briefe. Aber auch andere Briefe sind wichtig: öffentliche Briefe wie ein Leserbrief oder Geschäftsbriefe und Bewerbungsschreiben.

Ein Brief sagt viel über den Schreiber aus. Du wirst bemerkt haben, dass schon der erste Blick auf einen Brief einen wichtigen Eindruck vermittelt. Ist das Schreiben sauber und nett gestaltet oder voller Ausbesserungen und hässlicher Fuzzeleien bis an den Rand?

Wir machen uns aufgrund eines Briefes ein Bild vom Schreiber. Daher kann man mit Recht sagen, ein Brief ist wie eine Visitenkarte von einem Menschen. Wir erfahren durch den Brief nicht nur, was jemand schreibt, sondern auch, wie er ist. Dem aufmerksamen Leser entgeht nichts: Welches Papier verwendet der Schreiber, in welcher Form schreibt er, wie ist seine Schrift, muss er ausbessern und wie bessert er aus, welches Schreibgerät verwendet er, wie ist die Wirkung des ganzen Textes, werden die Ränder beachtet?

In vielen Fällen verlangen Firmen, wenn es um die Bewerbung geht, einen handgeschriebenen Lebenslauf. Schriftsachverständige (Grafologen) können aus der Schrift viel über den Schreiber aussagen. Deshalb ist der „Brief" eine wichtige Textsorte in der Schule, bei der – im Unterschied zu allen anderen Texten – auch die Form eine Rolle spielt und bei der Beurteilung mitberücksichtigt wird.

Mit diesem Heft lernst du, perfekte Briefe zu schreiben, die einen guten Eindruck hinterlassen.

Liebe Grüße

Wolfgang Pramper

Stefan [illegible]

„Solche" und „solche" Briefe

Private Briefe unterliegen keinen Vorschriften, was die Form betrifft.
Dennoch werden nicht alle Briefe gleich gut beim Empfänger „ankommen". Die einen werden leichter und lieber gelesen, bei anderen greift man schon das Papier mit spitzen Fingern an.
Wie gefällt dir dieser Brief?

Aktiv lernen

Briefe schreiben

für 10- bis 14-Jährige

Wolfgang Pramper
Stefan Hochwind

Illustrationen von
Helmut »Dino« Breneis

VERITAS

Inhaltsverzeichnis

Liebe Greti!

Gestern im Schulspiel hast du mir zugezwinkert. Das hat mir Mut gemacht. Ich finde dich nämlich schon lange ziemlich cool und würde dich gern einmal allein sehen. Im Odeon spielen sie gerade "Titanic". Magst du? Bitte schreib' zurück!!

Gerd

Dieser Brief wurde mit einer Füllfeder geschrieben. Das macht bei Briefen einen besseren Eindruck als ein Kugelschreiber.

1 Wenn du an Gretis Stelle wärst, welche Antwort würdest du wem geben? Du kannst auch ein besonderes Briefpapier wählen und hier einkleben.

Lass bei allen vier Rändern mindestens zwei Zentimeter Platz frei!

Kurz, kürzer … – Kurzbriefe schreiben

Tipp
Ein Brief wirkt persönlicher und lebendiger, wenn du:
- statt der Frage „wie geht es dir?“ auf den Empfänger eingehst, z. B.: „Bist du wieder ganz gesund?“
- die langweilige Formel „Viele Grüße sendet dir …“ ersetzt durch eine freundlichere, z. B.: „Ich freue mich darauf, dich wieder zu sehen! Liebe verschneite Grüße von …“
- den Brief so schreibst, wie du mit dem Empfänger reden würdest, z. B.: „Ich hab mir gedacht, das gibt's doch nicht! Du und ein Gipshaxen!“

Wenn es darum geht, jemanden zu trösten oder zu beglückwünschen, kann ein Kurzbrief einfacher zu verfassen sein als ein langer Brief.

Jemanden ermuntern
- zum Beispiel eine Tante, die schwer erkrankt ist

> Liebe Tante Rosi!
> Ich habe von Oma erfahren, dass du krank bist, und möchte dir sagen, dass ich oft an dich denke. Hoffentlich geht es dir bald wieder besser! Nächste Woche kommen Mama und ich dich besuchen. Bis dahin sende ich dir ganz liebe Grüße!
> Marion

1 Ein Freund/eine Freundin liegt mit Gipsbein im Krankenhaus. Schreib ihm/ihr ein paar persönliche Zeilen auf einer netten Karte.

2 Ein Mitschüler hat eine negative Zeugnisnote. Tröste ihn in einem kurzen Brief!

3 Finde selbst ein Beispiel für eine Situation, in der du einen Kurzbrief schreibst!

4 Wähle aus den folgenden Beispielen drei aus und schreibe ein paar (mindestens fünf) Zeilen!

einladen • eine Mitschülerin zu einer Faschingsparty
beglückwünschen • die Kusine zu ihren fünf kleinen Kätzchen
sich bedanken • für ein liebes Weihnachtsgeschenk
Mut machen • einem Freund, der sich vor einem Wettbewerb fürchtet
sich entschuldigen • weil man ein Geheimnis einer Freundin ausgeplaudert hat, wodurch es deren Mutter erfahren hat
sich bedanken • für eine freundliche Einladung

„Urlaubsgrüße aus dem sonnigen Süden!“

Bei einer Ansichtskarte wird rechts die Adresse des Empfängers geschrieben, links ist Platz für eine Mitteilung. Oft wird der Breite nach geschrieben. Die eigene Adresse wird nicht geschrieben, man erwartet ja auch keine Antwort an den Urlaubsort.

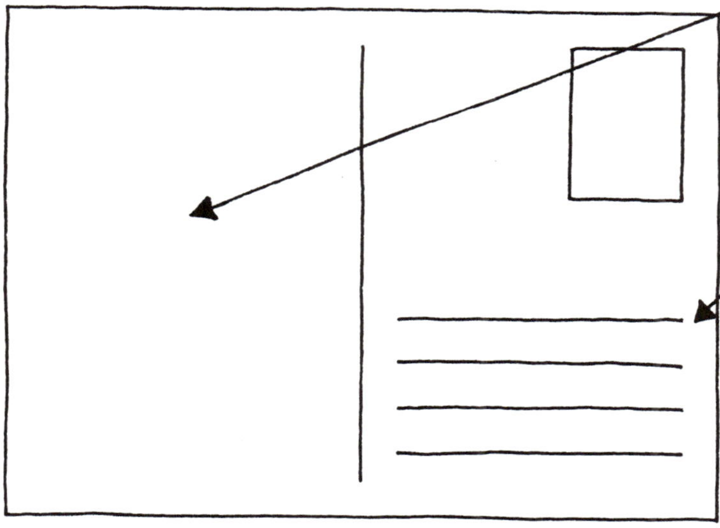

Hierher den Text schreiben. Achtung, die Linie nicht überschreiben! Sonst reagiert die Post unfreundlich.

Hierher die Adresse schreiben, in gleicher Weise wie auf ein Briefkuvert:
- Name
- Straße
- Postleitzahl, Ort
- Land (wenn die Karte ins Ausland geht)

Originelle Karten gestalten

Tipp
Nicht vergessen bei Einladungen:
- **Wo** genau?
- **Wie** findet man dort hin?
- **Wann** ist der Beginn?
- **Wie lange** wird es voraussichtlich dauern?
- **Was** soll mitgenommen werden?

1 Lade deine Freunde ein zu:
- einer Pizza-Back-Party oder
- einem Spiele-Nachmittag oder
- einem Video-Fest.

„Bin 14 und suche Brieffreund"

Diese Inserate und Adressen sind erfunden, „echte" Adressen für eine Brieffreundschaft findest du in Jugendzeitschriften.

Stell dir vor, du findest in einer Jugendzeitschrift mehrere Inserate, von denen du eines beantworten möchtest.

1 Bewerte diese Inserate! Du hast fünf Punkte zu vergeben: einen für das schlechteste, fünf für das beste Inserat.

Hallo, ich bin Sonja, 13 Jahre alt, interessiere mich für Sport und Pop-Musik. Ich schreibe gerne und würde mich freuen, wenn ich viel Post bekomme. Ich wohne sehr abgelegen auf einem Almbauernhof. Dort habe ich in meiner Freizeit viele Tiere zu betreuen, am liebsten sind mir die Kaninchen.
Sonja Wablinger, Veilchenweg 7, 5894 Hochstraß

Freunde, es wird Zeit, dass ihr euch aufrafft und einem echt coolen Typen (das bin ich, Markus, 14 Jahre) schreibt. Ich habe ausgefallene Hobbys: Ich klettere, manchmal am Sonntag sogar schon vor Mittag aus dem Bett, ich tauche, manchmal sogar in meinen Schulbüchern, und ich bin immer gut drauf, außer es handelt sich um einen Schultag. Hübsche Mädels werden bei den Briefen bevorzugt. Markus Niederberger, 4058 Bösendorf, Alleeweg 3

Gestatten, Jens Böttcher mein Name. Ich segle gern mit meinen Eltern auf Binnengewässern und auch auf der Nordsee. Daneben sammle ich Briefmarken und lese gerne Abenteuerbücher. Mein Berufswunsch ist Sportlehrer. Da mein Postkasten schon hungrig ist, füttert ihn bitte ganz schnell! Korkenlende 13, Lütens, D-34829

Ich heiße Florian Weber und lebe in Blunzau. Ich bin gerne in unserem Shoppingcenter, da ist immer was los. Ich bin 14 und gehe noch zur Schule. Ich möchte Brieffreunde in Österreich. Ich warte auf Briefe. Adresse: Wirmerstraße 23, D-49064 Blunzau

Marion sucht auf diesem Weg eine Brieffreundin oder einen Brieffreund (13 – 16). Ich tanze gerne, daher möchte ich einmal Tänzerin in einem Theater werden, ich gehe gerne ins Kino und bin auch sonst ein ziemlich normaler Typ. Ich sammle alles von den Backstreet Boys und nebenbei auch Muscheln und Steine. Schreib mir und erzähle mir alles von dir. Marion Bender, Hausnerstr. 4, 1030 Wien.

2 Was findest du an den Inseraten gut und was weniger gut? Das ist mir aufgefallen:

1.
2.
3.
4.
5.

Sich und andere in wenigen Worten vorstellen

„Dies ist mein geschätzter Klassenvorstand, Herr Lehrer Lämpel. Wie man auf der Zeichnung von meinem Mitschüler Wilhelm Busch sehen kann, ist Herr Lämpel schon ein älterer Lehrer. Er ist bei uns sehr gefürchtet, da er sehr streng mit der Klasse umgeht. Aber wir machen ihm das Leben auch nicht leicht, immerhin sind wir 52 Kinder zwischen 7 und 13. Es kann schon öfter vorkommen, dass ihm der Rohrstab nicht nur zum Zeigen auf der Tafel dient, sondern er auch unsere Finger und Hintern damit malträtiert. Herr Lämpel ist ein hagerer Mann von zirka 55 Jahren. Hervorstechend sind seine zum Himmel gerichtete Nase, seine mächtigen Augenbrauen und seine Hängebacken. Seine stechenden schwarzen Augen sind hinter sehr dicken Brillengläsern verborgen und wirken durch sie noch größer. Seine grauen Haare versteckt er unter einem schwarzen Käppchen, das er immer trägt. Hinter dem Kopf sind sie zu einem Schwänzchen zusammengebunden, was zurzeit Mode ist.“

1 Überlege, ob diese Beschreibung gut gelungen ist! Was sind die wichtigsten Informationen?

2 Verfasse zu Max und Moritz eine kurze Beschreibung!

Wie man jemanden beschreiben kann:
- von oben nach unten,
- von Äußerlichkeiten zum Charakter,
- vom Üblichen zum Auffälligen und Außergewöhnlichen.

3 Und wie würdest du dich selbst mit wenigen Worten beschreiben? Verfasse ein Inserat!

„Hallo! Ich habe deine Adresse aus …"

Die Schülerin Niki antwortet auf das Inserat von Marion. Beachte, was in einem Antwortbrief auf ein Inserat stehen soll:

Kontaktaufnahme
Begrüßung; du stellst dich vor; gibst an, woher du die Adresse hast; begründest, warum du schreibst

Vorstellen
Mehr über sich berichten: Schule, Hobbys, Freizeitbeschäftigungen; Geschwister, Eltern; Besonderheiten (Tiere, Fan von …)

Erwartungen
Vorschlag, wie es weitergehen könnte

Verabschieden
Schlussformel, Unterschrift, Beilagen wie Fotos etc. anführen

Hallo Marion!

Deine Adresse habe ich aus dem "Topic". Ich fände es toll, wenn wir Brieffreundinnen werden, weil ich auch sehr gerne Briefe schreibe und noch lieber welche bekomme!

Ach ja – ich habe mich noch gar nicht vorgestellt: Mein Name ist Niki, ich bin 13 Jahre alt und wie du ein Fan der Backstreet Boys! Ich bin 1,51 klein, habe blonde kurze Haare und grüne Augen. Meine Klassenkameraden finden mich dünn, ich finde aber, ich bin ganz normal. Meine Lieblingsfächer sind Deutsch und Geschichte (da haben wir den besten Lehrer), und eigentlich gehe ich meistens ganz gerne in die Schule – außer es ist gerade Mathes-Schularbeit …! Mit meiner Schwester Petra, die zwei Jahre älter ist als ich, gehe ich oft ins Fitnessstudio. Wir haben zwei süße kleine Kätzchen (Jessica und Jasminca), die meistens faul auf meinem Bett liegen. Meine Mutter hat weniger Freude mit ihnen, weil sie ziemlich viel Mist machen und stinken.
Mein größtes Hobby sind natürlich die Backstreet Boys! Ich habe drei große Alben von ihnen!

So, jetzt genug von mir. Bitte schreib mir zurück! Ich würde mich sehr freuen, mehr von dir zu erfahren. Vielleicht könnten wir etwas von unseren Sammlungen tauschen? (Ich habe ein paar Aufkleber doppelt.)
Liebe Grüße aus Sternbach sendet dir deine Brieffreundin

Niki

P.S.: Auf dem Foto sind Petra, meine Katzen und ich!

1 Wie würdest du auf ein Inserat von Seite 8 antworten? Wähle eines aus und verfasse einen Brief! Zuerst schreib einen Entwurf, lasse ihn von einer Fachfrau/einem Fachmann auf Fehler überprüfen und verfasse dann eine „Reinschrift".

Probleme beschreiben

Viele Mädchen klagen, dass Buben in der Schule oft laut, grob und ordinär sind. Manche wünschen sich, eine „reine" Mädchenklasse zu besuchen. Sie klagen auch, dass Lehrer und sogar Lehrerinnen mehr auf die Buben eingehen.
Buben sehen das anders. Sie sagen, dass Mädchen bei Lehrern Geheimnisse „tratschen" und dass manche Mädchen sich bei Lehrern „einschleimen". Mädchen werden immer bevorzugt, die sind ja „soooo lieb", während sich Lehrer über Buben gleich aufregen. In manchen Klassen werden Buben von den Mitschülern ausgegrenzt, wenn sie beim „Mädchen-Sekkieren" nicht mitmachen. Mädchen schließen manchmal jemanden aus, nur weil sie oder er nicht modisch angezogen ist.

Ein brennendes Problem darstellen

1 Wie ist das in deiner Klasse? Welche Probleme gibt es dort? Wie betreffen sie dich? Sammle in diesem Schaubild möglichst viele Probleme, die in deiner Klasse schon aufgetreten sind! Schreibe die Themen mit einem Stichwort in die Pfeile!

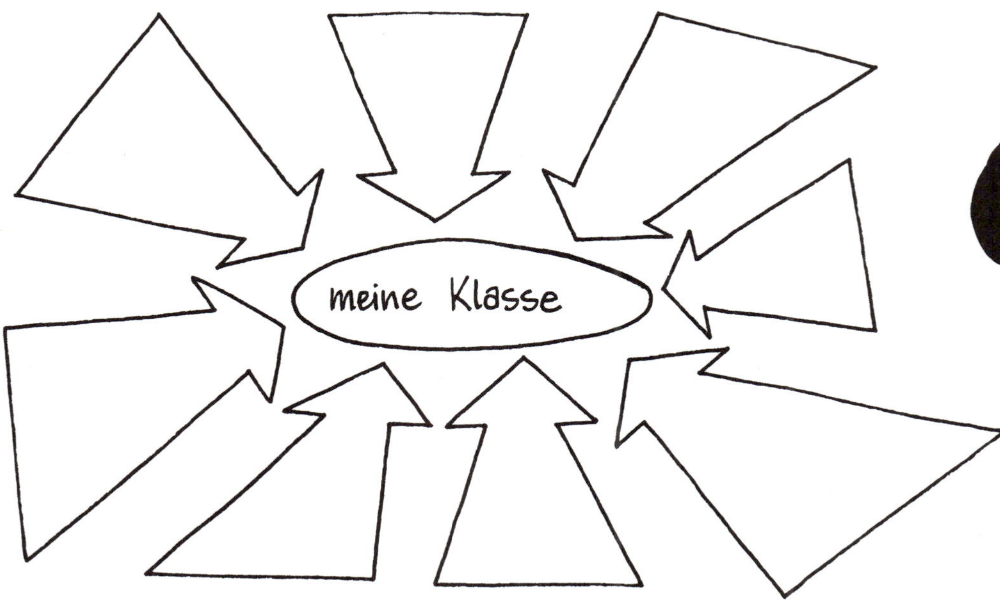

2 Manchmal ist es erleichternd, wenn man einer guten Freundin oder einem guten Freund von seinen Sorgen schreibt. Stell dir vor, einem Freund von deiner Klassengemeinschaft zu berichten. Gehe dabei in diesen Schritten vor:

1. Schildere die Probleme, die in eurer Klasse im Vordergrund stehen!
2. Gib an, welches Problem für dich besonders wichtig ist und warum!
3. Überlege, welche „Lösungen" möglich wären, und stelle sie in einer bestimmten Reihenfolge dar!

Tipp
Schreibe dazu zirka ein bis zwei Heftseiten.
Denk an einen ganz bestimmten Freund/eine bestimmte Freundin, dem/der du deine Klassengemeinschaft schilderst!

Sorgenbriefe schreiben und beantworten

Sorgen kann man einem **Tagebuch** anvertrauen, dabei schreibt man sich die „Sorge von der Seele". Danach fühlt man sich besser, und es ist später einmal sehr interessant, welche „großen" Sorgen man früher hatte.
Oder man schreibt seinen Kummer einer guten Freundin oder einem Freund in einem **privaten Brief.** Das ist nicht nur wesentlich billiger als telefonieren, sondern auch viel besser. Und zwar aus folgenden Gründen:
Der Schreiber hat mehr Zeit, sich in Ruhe zu überlegen, was ihm wirklich wichtig ist. Durch das Schreiben klären sich viele Probleme von selbst.
Der andere kann sich seine Antwort gut überlegen, vielleicht sogar einige Tage lang, und muss nicht mit dem erstbesten Gedanken antworten. Wer einen wirklich guten Rat braucht, sollte sich die Zeit nehmen und einen Brief schreiben.

Liebe(r) ____________!

… Stell dir vor, was mir neulich passiert ist. Hasso, der große Schäferhund des Hauswarts, lief kürzlich in der großen Pause frei im Schulhof herum. Ich bin mit anderen beisammengestanden, als der blöde Hund plötzlich zu mir kam, mich anbellte und so tat, als wollte er zuschnappen. Ich erschrak dermaßen, dass ich heulend in die Klasse rannte. Die Mädchen, die in meiner Nähe standen, lachten mich aus, seither sagen sie „Angsthase" und „Heulsuse" zu mir. Einer der Buben hat vor der ganzen Klasse gesagt: „Der ist ängstlich wie ein Kindergartenkind!" Ich bin bei meinen Mitschülern seither unten durch. Am liebsten ginge ich gar nicht mehr in die Schule. Natürlich sind meine Noten auch nicht mehr die besten, da ich ja ständig darauf achte, dass mir niemand vorwerfen kann, ein Streber zu sein.
So, genug von meinen Sorgen! Ich hoffe, es geht dir besser als mir. Es würde mich freuen, wieder einmal etwas von dir zu hören!

Liebe Grüße
dein Freund Maxi

1 Was würdest du diesem Freund antworten?

Auf der nächsten Seite siehst du eine andere Möglicheit: Man schreibt seine Sorgen an die Kummerecke einer **Zeitschrift** in der Hoffnung, eine hilfreiche Antwort zu bekommen.

Schreib deine Antwort so:
- Wiederhole die wichtigste Sorge!
- Zeige, dass du die Sorgen verstehst und ernst nimmst.
- Führe zwei, drei vernünftige Möglichkeiten an, die dem Schreiber in seiner Situation helfen könnten.
- Gib an, wie du dich in einer ähnlichen Situation verhalten hast oder würdest.
- Mache ihm Mut, aktiv zu werden und das Problem lösen zu wollen.
- Wünsche ihm alles Gute dafür!

„Liebe Frau Dr. Ortner! Ich will einen Freund!“

In vielen Zeitschriften und Tageszeitungen gibt es eine „Kummerecke“. Leser können sich dort zu ihren Problemen von „Fachleuten“ Rat und Hilfe geben lassen. Sicher hast du schon mit Interesse solche Briefe und die dazugehörigen Ratschläge gelesen.
Etwa wie diesen aus der Jugendzeitschrift „Topic“:
(Psychologin Dr. Gerlinde Ortner, Topic, 3/November 93)

Ich will einen Freund! Alle meine Freundinnen haben schon einen, aber ich noch keinen. Ich komme mir so unterentwickelt vor! Bitte, helfen Sie mir!

Anonym

Ich bin sicher, dass du nicht irgendeinen Freund möchtest, gleich wie er ist, gleich wie ernst er dich nimmt, nur um mit den anderen mithalten zu können.
Denn irgendeinen Freund zu bekommen ist kein Kunststück. Einen Freund haben heißt nicht, dass man mehr wert und „entwickelter“ ist. Gerade selbstsichere Mädchen überlegen sich genau, ob der andere es wert ist, mit ihr zu gehen. Sie warten lieber zu, bleiben ohne Freund, bis sie den finden, der zu ihnen passt, der sie zu schätzen weiß.
Je selbstsicherer, je unabhängiger du bist, desto lockerer und unkomplizierter wirkst du auf andere. Du strahlst Sympathie aus und hast die Chance, auf nette Burschen zu treffen, die Interesse an dir bekunden.
Natürlich ist es schwer, die Geduld aufzubringen, besonders wenn du siehst, dass alle deine Freundinnen bereits „vergeben“ sind. Mach aber nur ja nicht den Fehler, dich in Frage zu stellen, nur weil der Zufall dir noch nicht den Jungen zugetragen hat, der dich zur Freundin haben will.

Es ist gar nicht so leicht, wie man hier sieht – aber sehr wichtig –, seine Sorgen für andere klar und eindeutig darzulegen. Es wäre auch besser, statt einer sehr allgemeinen Bitte wie „Helfen Sie mir!“ genauer zu sagen, auf welche Fragen man sich Rat erwartet.

Versuche es einmal! Wie sollen diese Schülerinnen, von denen du auf der nächsten Seite erfährst, von ihren Sorgen berichten? Und um welchen Rat sollen sie fragen?

1 Heike und Susanne haben auch Probleme:
Schreib für eine von ihnen einen Kummerbrief!

Heike ist in der Klasse eine Außenseiterin, viele Mädchen mögen sie nicht, weil sie als hübsch gilt. Sie hat ebenso wie Nicole zwölf Fehler beim Diktat, Heike hat ein Nicht genügend bekommen, Nicole jedoch ein Genügend. Wenn sie sich beschwert, kann es sein, dass die Note von Nicole auf ein Nicht genügend ausgebessert wird. Bekommt sie eine bessere Note, kann es sein, dass die Mitschüler ihr vorwerfen, dass sie sich beim Lehrer „eingeschleimt" hat, weil ihre Note ausgebessert wurde.

Susanne ist neu in die Klasse gekommen. Ihre Eltern haben sich scheiden lassen. Sie wohnt mit ihrer Mutter jetzt woanders. Alles kommt ihr fremd vor, sie ist ganz verschüchtert, und weil sie gemerkt hat, dass die anderen über ihren Dialekt lachen, traut sie sich nichts zu sagen. Sie fühlt sich in der neuen Schule todunglücklich, möchte am liebsten wieder zurück. Sie macht ihrer Mutter Vorwürfe, dass alles ganz anders geworden ist.

Tipp
Ein Problem kannst du darstellen, indem du
- schilderst, wann es sich normalerweise zeigt (Beispiel),
- angibst, seit wann dieses Problem für dich besteht,
- eine allgemeinere Beschreibung versuchst,
- die Auswirkungen des Problems beschreibst,
- eine Situation entwirfst, wie du sie dir wünschen würdest,
- erklärst, was sich deiner Meinung nach von dieser wünschenswerten Situation trennt,
- anführst, wer dir bei der Lösung wie behilflich sein könnte.

Wien, 30. 2. 1999

Liebe Frau Dr. Ortner!

Ich … ____________________

„Offene“ Briefe

Briefe unterliegen dem sehr strengen Briefgeheimnis, außer der Schreiber wünscht ausdrücklich, dass sein Brief, den er an eine bestimmte Person richtet, auch anderen bekannt wird. Man schreibt in diesem Fall einen „offenen“ oder „öffentlichen“ Brief.

Offener Brief

Liebe Claudia!

Vorige Woche hast du bei einer Klassendiskussion, die wir zum Thema Rauchen, Alkohol und Drogen durchgeführt haben, einige Aussagen gemacht, die mich noch lange danach beschäftigt haben. Ich möchte dir auf diesem Wege meine Gedanken dazu mitteilen.

Es hat mir sehr gefallen, dass du dich so kritisch und engagiert mit dem Thema auseinander gesetzt hast. Du hast vollkommen Recht, wenn du sagst: „Keine Arznei der Welt hilft auf Dauer gegen Sorgen wegen schlechter Schulleistungen, Problemen mit Eltern. Weder Tabletten, Zigaretten, Alkohol und schon gar nicht Drogen.“

Auch ich denke, dass das Einnehmen solcher Mittel keine Probleme löst, denn die Wirkung lässt rasch nach, und die Dosierung muss beim nächsten Mal erhöht werden. So entsteht eine Abhängigkeit, von der man nicht mehr so leicht loskommt. Die „Hilfe“ solcher Mittel ist eine Flucht vor der Wirklichkeit, dabei werden die Augen geschlossen und erwartet, dass praktisch auf wundersame Weise das Problem gelöst wird. Dabei tritt das Gegenteil in Kraft. Die Probleme werden größer. Woher mit dem Geld, um die Drogen zu finanzieren? Drogen schaden langfristig dem Körper, auch wenn der Jugendliche das momentan nicht merkt oder nicht wahrhaben will.

Im Gegensatz zu dir glaube ich aber, dass man „Drogen“ wie Nikotin oder Alkohol nicht verharmlosen sollte. Man kann sie bereits als „Einstiegsdrogen“ bezeichnen, weil sie den Weg zur Sucht vorbereiten. Man gewöhnt sich an die Abhängigkeit, und es ist für mich schon verräterisch, wenn du sagst: „Ohne eine Zigarette kann ich mich nicht konzentrieren!“ Ich bin richtig erschrocken, als dir einige Mitschüler beigepflichtet haben. Mir ist natürlich klar, dass nicht jeder Raucher zum Heroindealer wird, wie du das drastisch formuliert hast, aber die erste Stufe eines jeden Dealers ist sicher die eigene Abhängigkeit von einer leichten Droge gewesen. Daher sollte man auch schon bei den „erlaubten“ Drogen vermeiden, dass sie Besitz von einem ergreifen.

Dein Klassenvorstand

Ingrid Nemetz

In diesem Fall hat die Deutschlehrerin einer Schülerin geschrieben und den Brief an der Seitentafel aufgehängt, damit ihn auch die Mitschüler lesen können.

Manchmal wird ein solcher offener Brief nicht nur dem Adressaten zugestellt, sondern zugleich eine Kopie einer Zeitung geschickt, damit der Brief dort veröffentlicht wird.

Der Vater einer suchtgiftkranken Mitschülerin hat von der Diskussion in der Klasse erfahren und schreibt einen offenen Brief an die Klasse.

1 Verfasse diesen Brief! Du kannst dazu die folgenden Informationen verwenden.

Infos über Suchtgifte

- Gefährdung entsteht auch durch **Folgekrankheiten** oder **Unfälle**, die zum Beispiel im Zusammenhang mit Alkohol stehen, Arbeitsplatzverlust – die Auswirkungen reichen bis hin zur Zerstörung der eigenen Persönlichkeit und des Selbstbewusstseins.
- **Süchtige verführen** gerne Noch-nicht-Süchtige, um sich selbst besser zu fühlen oder um Abnehmer für ihre Drogen zu haben.
- Menschen, die von Drogen weggekommen sind, müssen ein Leben lang aufpassen, dass sie nicht wieder rückfällig werden. Der **Entzug** von Drogen ist sehr teuer und kann selten alleine durchgeführt werden. Ein Platz im Entziehungsheim ist nur schwer zu bekommen.
- **Fakten:** 200.000 Alkoholkranke in Österreich. 20 Milliarden Schilling werden jährlich in Österreich für Tabak ausgegeben. 100.000 Österreicher sind medikamentenabhängig. Zirka 200 Drogentote im Jahr.
- **Alkohol und Zigaretten** sind für Jugendliche oft ein sichtbarer „Beweis" (?) ihrer Erwachsenheit und Stärke. Je unsicherer ein Jugendlicher, desto mehr wird er sein Selbstbewusstsein von Drogen ableiten wollen. Da man die Abhängigkeit von Drogen nicht sofort merkt, fällt es den Verführern leicht, jemanden mit diesen Worten zu überzeugen: „Was ist denn schon dabei, wenn es dir nicht schmeckt, dann hörst halt wieder auf!" Und später: „Ja, wenn du das nicht verträgst, lass es lieber!" Dabei klingt mit: „Wenn du noch zu sehr ein Kind bist, dann gehörst du halt auch noch nicht zu uns!"
- Der Körper gewöhnt sich im Laufe der Zeit an das Gift, er braucht immer mehr und stärkere Dosen, sonst kommt es zu Entzugserscheinungen: Übelkeit, Kopfschmerzen, Depression, Aggressivität, Apathie (Teilnahmslosigkeit).

2 Finde starke Argumente gegen Drogen:
Ich hasse Drogen, denn ich liebe ...
Suchtgifte lösen keine Probleme, sie ...
Wenn Sie heute am Abgrund stehen und zu Drogen greifen, ...

„Zu Ihrem Artikel über …“ – Leserbriefe

Viele Zeitungen veröffentlichen regelmäßig Leserbriefe. Ein Leserbrief ist eine private Stellungnahme zu einem für die Leser interessanten Thema. Leserbriefe werden mit der Absicht geschrieben, dass sie veröffentlicht werden.

Tätowieren

Den Artikel über Tätowieren fand ich sehr interessant.
Ich bin auch gegen das Tätowieren, weil man sich dabei Infektionskrankheiten holen kann. Im schlimmsten Fall sogar Aids. Auch das übermäßige Schminken ist für die Haut sehr ungesund. Und das Piercen an allen möglichen Körperstellen finde ich einfach übertrieben.
Ich glaube, solche Leute wollen nur auffallen.

STEYR

Tierversuche

Tierversuche finde ich abscheulich, Ekel erregend und menschenunwürdig. Die Wissenschaftler, die Tierversuche durchführen, gehören alle bestraft.

Wien

Discokrach

Ich habe in Ihrer Zeitung den Artikel „Discokrach schädigt Gehör“ mit großem Interesse gelesen.
Dass stundenlanges Musikhören in Discos gesundheitsschädlich ist, glaube ich auch. Ich selber werde in Discos nach einiger Zeit eher nervös und kann mich bei Gesprächen nicht richtig konzentrieren. Außerdem zeigen Untersuchungen bei Jugendlichen, dass überdurchschnittlich viele Discobesucher erhebliche Hörschäden aufweisen. Auch ist das Unfallrisiko nach einem Discobesuch sehr hoch.
Discos machen aber Spaß und werden gerne besucht, deshalb sollte zum Schutz der Besucher eine Lärmbelastungsgrenze eingeführt werden, die gesundheitliche Schädigungen ausschließt.

Baden

1 Gib den drei Leserbriefen Noten!

	Tätowieren	Tierversuche	Discokrach
Nur ein Thema wird im Leserbrief erörtert			
Persönlicher Standpunkt ist überzeugend formuliert			
Sätze klar und verständlich formuliert			
Wirkung des Leserbriefs auf den Leser			

Fünf Schritte zum Leserbrief

Wenn ein Leserbrief wirksam sein soll, muss er gut überlegt werden. Geh am besten in fünf Schritten vor!

1) Schreibe eine kurze, aber treffende Überschrift!

2) Führe mit einer kurzen Einleitung zum Thema!

3) Stelle im Hauptteil mit überzeugenden Argumenten deine Meinung dar!

4) Richte an die Leser einen Appell!

5) Unterschreibe deinen Leserbrief!

> Rabeneltern?
>
> Als Eltern von fünf kleinen Raben möchten wir gegen den in der Menschensprache so oft verwendeten Begriff „Rabeneltern“ protestieren.
>
> Menschen bezeichnen ihre Artgenossen, die sich nicht um ihre Brut kümmern, als „Rabeneltern“. Sie möchten mit diesem Vergleich wohl darauf hinweisen, dass wir Raben nicht für unseren Nachwuchs sorgen. Das ist eine bodenlose Unterstellung. Meine Gattin und ich betreuen unsere Kücken unermüdlich, bis sie, flügge geworden, das Nest verlassen und selbstständig leben können.
>
> Ich fordere die Menschen auf, den entwürdigenden Begriff „Rabeneltern“ aus allen Wörterbüchern zu streichen.
>
> KONRAD & ELSA RABE

Nun bist du dran! Lies den folgenden Zeitungsartikel durch!

Überforderte Schüler

Schulpsychologen schlagen Alarm. Viele Schüler sind durch den hohen Arbeitsaufwand für die Schule überfordert und leiden unter Stress. Besorgte Experten verlangen eine sofortige Einschränkung von Hausübungen, einige radikale sogar eine gänzliche Abschaffung, denn „… oft müssen Schüler in einer Woche 50 und mehr Stunden für die Schule aufwenden. Welcher Erwachsene hat eine 50-Stunden-Woche?“, fragen sie.

von Manfred Kindermann

Diese Forderung wird von Pädagogen aber zurückgewiesen. Hausübungen haben den Sinn, den in der Schule gelernten Stoff zu Hause in Ruhe zu wiederholen und zu vertiefen, argumentieren sie. Hausübungen sind eine wesentliche Unterstützung des Lernens. Gäbe es keine Hausübungen, würde die schulische Ausbildung sehr leiden, geben die Pädagogen zu bedenken.

1. Schritt: Schreibe eine kurze, aber treffende Überschrift!

Viele Leser entscheiden sich beim Lesen der Überschrift, ob der Leserbrief für sie interessant ist. Die Überschrift soll kurz sein und den Kern des Themas treffen.

1 Kreuze an, welche Überschrift dir für deinen Leserbrief am treffendsten erscheint!

- ☐ Einige Gedanken zum Thema Hausübungen
- ☐ Schüler leiden unter Hausübungen
- ☐ Psychologen wollen Hausübungen einschränken
- ☐ Stress durch Hausübungen

2 Überlege selbst eine treffende Überschrift:

____

2. Schritt: Führe mit einer kurzen Einleitung zum Thema!

Einleitungen können nach verschiedenen Mustern aufgebaut sein. Der Leserbriefschreiber …
a) … beruft sich auf einen Zeitungsartikel/einen anderen Leserbrief
b) … beschreibt persönliche Erfahrungen zum Thema
c) … zitiert allgemein bekannte, sachlich begründete Tatsachen

Die Einleitung hat eine wichtige Funktion. Sie soll den Leser auf den Hauptteil des Themas vorbereiten. Einleitungen müssen kurz sein. Sind Leserbriefe zu lang, werden sie von Redakteuren gekürzt – oft wird die Einleitung gestrichen.

3 Welches Beispiel passt zu welcher Art der Einleitung? Schreibe den richtigen Buchstaben in das Kästchen!

☐ Stress bei Schülern ist eine Tatsache, die sogar von Schulpsychologen bestätigt wird. Die Experten führen das auf ein Übermaß an Hausübungen und Prüfungen zurück.

☐ Am 20. 1. erschien in Ihrer Zeitung der Artikel „Überforderte Schüler". Als betroffener Schüler möchte ich dazu Stellung nehmen.

☐ Viele meiner Schulfreunde und auch ich leiden zeitweise unter großem schulischen Stress. Unterrichtsbesuch, Hausübungen und Prüfungsvorbereitungen bedeuten für mich oft eine 50-Stunden-Woche.

4 Schreibe selbst eine Einleitung zu unserem Artikel!

3. Schritt: Stelle im Hauptteil mit überzeugenden Argumenten deine Meinung dar!

Deine persönliche Meinung kannst du nach folgendem Schema überzeugend darstellen:

eine **B**ehauptung klar sagen → ausführliche **B**egründung → mit einem **B**eweis verstärken

Beispiel:

Behauptung: Hausübungen sind für mich sinnvoll und sogar unverzichtbar.

Begründung: Den Lernstoff, den ich in der Schule lerne, muss ich zu Hause ohnehin wiederholen. Wenn ich regelmäßig meine Hausübungen schreibe, erspare ich mir vor Prüfungen Lern- und Übungszeit.

Beweis: In meiner Klasse haben nur jene Schüler schulische Probleme, die keine Hausübungen schreiben.

Wenn du deine Meinung überzeugend darstellen willst, gehe nach diesem 3-B-Schema vor: behaupten – begründen – beweisen.
Die Reihenfolge kannst du selbst festlegen.

5 Schreibe nun deine Meinung zum Thema „Überforderung durch Hausübungen"! Verwende das 3-B-Schema!

4. Schritt: Richte an die Leser einen Appell!

Ein Appell am Schluss oder ein Vorschlag zur Lösung bzw. Veränderung soll die Leser aufrütteln, motivieren, zum Denken herausfordern.
Das könnte zum Beispiel so aussehen:

> Lehrer sollten die Hausübungen so gestalten, dass die Schüler die Notwendigkeit dieser Übungen erkennen und zeitlich nicht überfordert sind.

6 Wähle eine der Personen aus und baue sie in deinen Schlussappell zum Thema „Überforderung durch Hausübungen" ein!

Eltern | Direktor | Schulinspektor | Schulpsychologe

5. Schritt: Unterschreibe deinen Leserbrief!

Jetzt bist du dran. Die fünf Schritte helfen dir ganz bestimmt!

7 Schreibe zum Zeitungsartikel „Überforderte Schüler" (siehe Seite 18) einen Leserbrief!
Du kannst: a) die erarbeiteten Leserbriefabschnitte abschreiben, oder b) den Leserbrief mit eigenen Sätzen formulieren.

Teste dein Wissen (Lösungen auf Seite 47)

8 Unterstreiche im Wörterkasten jene achte Begriffe, die du als Aufbau-Hilfe beim Schreiben eines Leserbriefes gelernt hast!

> Einleitung ▪ Begründung ▪ Erörterung ▪ Hauptteil = deine Meinung ▪ Appell ▪ Beilage ▪ Unterschrift ▪ Beschreibung ▪ Beweis ▪ Behauptung ▪ Überschrift ▪ Anrede

Meinung A und Meinung B sind dann erforderlich, wenn du in deinen Leserbrief mehrere Standpunkte einbauen möchtest.

9 Setze die Begriffe in die richtigen Zeilen der Aufbau-Hilfe ein!

Aufbau/Struktur eines Leserbriefes

1. ____________
2. ____________
3. ____________
4. ____________
5. ____________

Meinung A → ____________ / ____________ / ____________

Meinung B → ____________ / ____________ / ____________

Einen Leserbrief schreiben

Jugendliche bekommen viel Taschengeld

Unsere Jugendlichen sind für die Wirtschaft eine finanziell sehr interessante Altersgruppe. Bedingt durch das beträchtliche Taschengeld, das viele Jugendliche bekommen, werden sie massiv umworben. Spielzeug-, Mode-, Musik- und Freizeitindustrie setzen auf das Geld der Kids. Ist auch nicht verwunderlich, hat doch eine Umfrage ergeben, dass viele 10- bis 15-Jährige ein monatliches Taschengeld bis zu 1000 Schilling von ihren Eltern beziehen. Dazu kommen noch „Nebenverdienste" wie Geldprämien für gute Noten, Geldgeschenke nach einem Besuch bei den Großeltern und Trostgeld, wenn die Eltern mal nicht Zeit für ihre Kinder haben. Stellt sich die Frage: Wie viel Taschengeld soll ein Jugendlicher bekommen?

Zur Frage „Wie viel Taschengeld soll ein Jugendlicher bekommen?" gibt es die unterschiedlichsten Meinungen.

Kinder mit viel Taschengeld ...	**Kinder mit wenig Taschengeld ...**
... können sich auch unnötige Wünsche leicht erfüllen	... lernen eher den Wert des Geldes schätzen
... haben keine finanziellen Sorgen	... überlegen sich Anschaffungen genauer
... glauben, dass Gelderwerb ohne Leistung möglich ist	... werden zu wirtschaftlicher Selbstständigkeit erzogen

1 Unterstreiche die Aussagen, die du für richtig hältst!

2 Schreibe einen Leserbrief zur Frage aus dem Zeitungsartikel „Wie viel Taschengeld soll ein Jugendlicher bekommen?"

Wenn dir viel einfällt, kannst du im Hauptteil auch zwei oder drei Behauptungen schreiben.

Noch ein paar Leserbriefe verfassen

Am 3. Juni 1995 war im Kurier Folgendes zu lesen:

Hier ein paar Begriffserklärungen:

Einschaltziffern (-quoten) – jene Messung, die feststellt, wie viele Menschen die Sendung sehen. Je höher die Quoten, desto mehr kann für die dazwischen geschaltene Werbung verlangt werden.

Parodie – macht sich in übertriebener Weise über Missstände in der Gesellschaft lustig, wird oft von Kabarettisten verwendet.

Pranger – öffentliche Zurschaustellung eines Übeltäters (kommt aus der mittelalterlichen Rechtssprechung, als Verurteilte am Marktplatz am Pranger angebunden wurden, um dort beschimpft zu werden).

Die Jagd nach den Einschaltziffern nimmt immer sonderbarere Formen an

Der Kandidat verlor endgültig die Fassung. Während hinten auf der Anzeigetafel noch der leider verspielte Traumgewinn von knapp fünf Millionen Schilling blinkte, stürzte er sich auf den bereits am Boden liegenden Moderator, zog ein Messer aus der Hosentasche und stach zu.
Was vor wenigen Wochen im Hauptabendprogramm der ARD lief und für Proteste von mehr als 100.000 Zuschauern sorgte, war eine Parodie. Mit brutaler Gewalt machen TV-Shows noch keine Quoten – in Deutschland. In den USA ist diese Hemmschwelle bereits gefallen. Im amerikanischen Pay-TV laufen Live-Shows, in denen rivalisierende Jugendbanden in einem eingezäunten Achteck gegeneinander zum Kampf antreten: Regeln gibt es nicht. Die Sieger werden durch Aufgabe oder durch ärztliche Diagnose ermittelt. Tote gab es bisher keine: „Ich möchte nicht, dass jemand stirbt, auch wenn es gut für die Einschaltquote wäre“, gibt sich der Chef des Senders human.

Neue Showmaster wie Jenny Jones oder Ricki Lane wollen keine Probleme mehr besprechen, sondern ihre Kandidaten bloßstellen. Menschliches Leid vor laufender Kamera: Der öffentliche Pranger für Millionen. Das Publikum im Studio darf mit Schadenfreude, Sympathie oder abfälligen Zwischenrufen reagieren. Das „Material“ für solche einschaltquotenträchtigen Gefühlsduschen holt sich das Fernsehen aus den armen Vorstädten Amerikas. „White Trash“, so der offizielle Begriff für die weiße Unterschicht, die ohne Ausbildung, Ersparnisse oder fixen Job meist in Wohnwagenparks lebt und der nächsten Handvoll Dollar für irgendeine Hilfsarbeit von Stadt zu Stadt nachreist. Eigene Agenturen ködern die Kandidaten in Inseraten und mit Vertretern, die direkt ins Haus kommen. Bei jeder der täglichen Shows flimmert eine Nummer über den Bildschirm. „Melden Sie sich, erzählen Sie uns Ihr Problem – natürlich gebührenfrei.“ Und viele melden sich.

1 Über die Sinnhaftigkeit und Berechtigung solcher Entwicklungen im Fernsehen kann man geteilter Meinung sein. Schreibe deinen Standpunkt in einem Leserbrief an die Zeitung!

2 Verfasse einen Leserbrief zu einem der beiden Zeitungsberichte!

Gemeinsame Erziehung von Knaben und Mädchen

So lange ist das gar nicht her: Ende der 60er Jahre war die Koedukation, also der gemeinsame Unterricht von Mädchen und Buben, ein Liebkind aller wahrhaft Fortschrittlichen.
Konservative Geister dagegen reagierten ablehnend, unter anderem wegen der Befürchtung, die Schulen könnten sich zu einem Ableger der Firma Sodom & Gomorrha entwickeln.
Na ja, 1975 wurde die Koedukation in Österreich eingeführt, und 20 Jahre später kann man mit gutem Gewissen feststellen: Sodom ist's nicht geworden, ebenso wenig Gomorrha – aber der wahre Fortschritt auch nicht, beklagten jedenfalls die Teilnehmerinnen an einer Diskussion der Frauenbewegung in Wien. In der Praxis dominieren die Buben den Unterricht, sie werden von den Lehrkräften bevorzugt und drängen sich in den Vordergrund, Rollenklischees werden durch den gemeinsamen Unterricht eher verfestigt als beseitigt. Und das schon in der Volksschule. Das ist insoweit pikant, als der Unterricht für die Jüngsten heutzutage weitgehend von Frauen gestaltet wird, männliche Lehrer sind an den Volksschulen selten am Werk. Was Außenstehende an den neuesten Thesen der Feministinnen zweifeln lässt, die von einer Benachteiligung der Mädchen reden und die Schuld daran einem verderblichen „Sexismus“ an den Schulen zuschreiben.

(Kurt Markaritzer, Kommentar im Kurier, 3. Juni 1995)

Diese Worterklärungen helfen dir, die Texte zu verstehen!

konservativ – die alten, bewährten Werte erhaltend

Sodom und Gomorrha – großes Durcheinander, verkommen, schlecht

Rollenklischee – eingefahrene Vorstellung über Verhaltensweisen

Sexismus – Vorstellung, nach der eines der Geschlechter dem anderen überlegen sei

Cessna – kleines Sportflugzeug

7-jährige Pilotin starb bei Absturz

Cheyenne. – Tragisch endete der Rekordversuch der siebenjährigen Jessica Dubroff, als jüngste Pilotin Amerika zu überqueren: Kurz nach dem Start stürzte die Cessna über einem Wohngebiet in Cheyenne im Bundesstaat Wyoming während eines Gewittersturms ab – das Mädchen, sein Vater und der Fluglehrer starben.
Acht Tage sollte der 11.265-Kilometer-Rekordflug der Siebenjährigen vom Pazifik zum Atlantik und zurück dauern. In die Cessna waren für das 1,30 Meter kleine Mädchen, das seit fünf Monaten Flugunterricht bekommen hatte, extra Verlängerungen zu den Pedalen eingebaut worden. Und vor dem Start hatte Jessica an der Seite ihres Vaters Lloyd Dubroff und ihres Fluglehrers noch erklärt: „Angst habe ich nicht, ich bin nur ein bisschen aufgeregt.“ Kurz darauf stürzte die einmotorige Maschine im Gewittersturm ab, es gab keine Überlebenden.

(Kronen Zeitung, 12. April 1996)

Natürlich muss man die Meinung jedes Menschen anhören und respektieren. Aber es ist auch wichtig, den Meinungen, die man nicht teilt, etwas zu entgegnen.

Also dem ersten Hauptteilpunkt kann ich ja zustimmen, aber dem zweiten überhaupt nicht.

Geh auf die Argumente des Leserbriefschreibers ein! Verstärke die Standpunkte, die auch du vertrittst! Widersprich in jenen Punkten, wo du anderer Meinung bist!

Auf einen Leserbrief mit einem Leserbrief antworten

Dieser Leserbrief stand in einer Zeitung.

> Kinder richtig erziehen
>
> Immer öfter wird über die mangelnde Erziehung unserer Kinder geklagt. Bei der richtigen Erziehung sind für mich zwei Punkte entscheidend.
> Zum Ersten scheint mir wichtig, dass die Erwachsenen den Kindern ein positives Vorbild sind. Erziehung geschieht in erster Linie durch Beobachten und Nachahmen. Wenn Eltern von Kindern ein bestimmtes Verhalten erwarten, ihnen dieses Verhalten aber selbst nicht vorleben, können sich die Heranwachsenden nicht orientieren.
> Zum Zweiten, so meine ich, sollte bei der Erziehung auf eiserne Disziplin mehr Wert gelegt werden. Erwachsene dürfen sich bei Erziehungsfragen nicht immer auf Diskussionen mit ihren Sprösslingen einlassen, denn da kommt nicht viel heraus. Ich vertrete vielmehr die Ansicht, dass bei störrischen Jugendlichen auch die „gsunde Watschn" ein wichtiges Erziehungsmittel ist. Auch wir älteren Semester haben als Kinder öfter Ohrfeigen bekommen. Sie haben uns nicht geschadet und wir haben dann Entscheidungen von unseren Eltern widerspruchslos hingenommen. Aus Angst vor der körperlichen Züchtigung haben wir mehr gefolgt.
> Wichtig ist, dass alle Erwachsenen bei der Erziehung unserer Jugend an einem Strang ziehen. Wie sollen schlecht erzogene Kinder später die eigenen Kinder richtig erziehen können?
>
> Herbert Gscheitlinger, Wien

1 Setze die Wörter aus dem Kasten in die Wortgruppen ein!

Disziplin ▪ Erziehung ▪ Züchtigung ▪ geeignetes ▪ antiautoritär ▪ Protest ▪ Charakter ▪ Erfahrung ▪ demütigende ▪ Methode

… ich lehne ab … strenge ___ … Ziel der ___ … stimme überein … (k)ein ___ Erziehungsmittel … … teile seine Ansicht (nicht) … nachsichtig erziehen … jugendlicher ___ … Mangel an ___ … Vertrauen gewinnen … ___ entwickeln … ___ Behandlung … ___ der Erziehung … ___ erziehen … körperliche ___ …

2 Antworte auf den Leserbrief von Herrn Gscheitlinger! (Lösung auf Seite 47)

Auf Stelleninserate antworten

In Zeitungen findest du Inserate aller Art. Zum Beispiel solche für Stellengesuche und Stellenangebote. Wäre hier etwas Interessantes für dich dabei?

KRAMPUS
für die Dezember 2000 bis 2003 gesucht.
Voraussetzung: große Statur, tiefe Stimme, nicht schreckhaft vor Kindergeschrei, Partnerschaft mit einem Nikolo erwünscht (ohne doppelten Preis).
Filialleiter Dr. Denk, Kaufhaus Interquelle, Industrieweg 9, 3042 Krumpendorf

Krümmungsfachmann mit Diplom für Bananen-Biegefabrik

CHEMIKER
zur Kreation neuer Haarwuchsmittel

Bedingung: Eigenes Material wie Ketten, Butten etc. vorhanden.
Gesucht!
DRACHENTÖTER
Achtung aufgepasst: Junge, ungebundene Männer, die das Besondere suchen. Berufserfahrung: keine Voraussetzung.
Schädlingsbekämpfungsinstitut Waldhausen, Schwertweg 5a, 5039 Obergurgel

Erfolgreiches florierendes Unternehmen sucht
DIPL. HEIZER
für lebenslange Stellung. Unkündbarer Job mit Aufstiegsmöglichkeiten. Zeugnisse belanglos. Bedingung: hitzefest, geruchsunempfindlich. Bewerbungen an den Geschäftsführer persönlich. Fa. Mephisto, Höllengasse 5, 4038 Kraterdorf

1 Verfasse weitere unmögliche Inserate!

Bewerbungsschreiben

Bewerbungsunterlagen sind das „Aushängeschild“ des Bewerbers. Sie sollen äußerlich ansprechend sein. Deshalb:

- weißes Papier, A4
- keine Korrekturen
- Abstand zum Rand
- nur eine Seite beschreiben
- bei handschriftlichen Briefen: Füllfeder, Linienspiegel

Bewirbt man sich um einen Ausbildungsplatz, geschieht das meist schriftlich. Ein Bewerbungsschreiben ist ein Normbrief und weist formale Regeln auf.

Das ist Herr Wichtig. Er ist Personalchef eines großen Bankinstituts, das einen Lehrling aufnimmt. Herr Wichtig liest gerade die eingelangten Bewerbungsschreiben durch.

1 Was, denkst du, wird auf Herrn Wichtig wie wirken?

Martina Banky
Linzergasse 123
1045Wien

Wien, am 4. März 1998

An die Allgemeine Sparbank
Institutplatz 14
1010 Wien

Sehr geehrte Damen und Herren!

Bewerbung als Kaufmännischer Lehrling

Es ist schon lange mein Wunsch Bankangestellte zu werden, deshalb möchte ich mich in Ihrem Institut um diese Stelle bewerben.

Ich bin 15 Jahre alt und besuche die 4. Klasse der Hauptschule Wien-Altstadt. Meine Schulpflicht werde ich im Juli 1998 beenden. Das Halbjahreszeugnis gibt über meine schulischen Leistungen und die freiwillig besuchten Übungen Auskunft.

Ich habe mich schon genau über den Beruf des Bankangestellten informiert und glaube, dass ich den Anforderungen eines Bankangestellten entspreche, da ich sprachlich begabt bin und ein sicheres Auftreten habe. In meiner Freizeit lese ich gerne und spiele in einer Laienschauspielgruppe bei kleineren Theateraufführungen mit.

Ich ersuche Sie höflich, mir Gelegenheit zu einem persönlichen Vorstellungsgespräch zu geben. Im Falle einer Aufnahme verspreche ich, stets fleißig und gewissenhaft zu sein.

Mit freundlichen Grüßen
Martina Banky

Beilagen: Lebenslauf
Kopie des Halbjahreszeugnisses
Lichtbild

Martin Sparlineck
Schillerstraße 27
1332 Wien

An die
Allgemeine Sparbank
Institutplatz 14
1010 Wien

Wien, am 4. März 1998

Bewerbung als Kaufmännischer Lehrling

Sehr geehrte Damen und Herren!

Es ist schon lange mein Wunsch, Bankangestellter zu werden, deshalb möchte ich mich in Ihrem Institut um diese Stelle bewerben.
Ich bin 14 Jahre alt und besuche die 4. Klasse der Hauptschule Wien-Altstadt. Das Halbjahreszeugnis gibt über meine Schulnoten Auskunft.
Ich glaube, dass ich die Anforderungen eines Bankangestellten erfüllen kann, weil ich in Mathematik und Deutsch gute Leistungen vorweisen kann. In meiner Freizeit lese ich gerne und bin Mitglied bei einem Leichtathletikverein.

Ich ersuche Sie höflich, mein Bewerbungsschreiben wohlwollend zu bearbeiten und mir die Chance zu einem persönlichen Vorstellungsgespräch zu geben.

Mit freundlichen Grüßen Martin Sparlineck

Beilagen: Lebenslauf
Kopie des Halbjahreszeugnisses
Lichtbild

Bewerbungsschreiben gliedern

1 Schreib die Gliederungsteile auf die richtige Zeile!

- Absender
- Anlass (Betreff)
- Anrede
- Anschrift (danach: 1 Leerzeile!)
- Unterschrift
- Beilagen
- Grußformel
- Ort und Datum
- Text der Bewerbung

Die Form dieses Bewerbungsschreibens muss ich mir jetzt genau einprägen.

Martin Sparlineck
Schillerstraße 27
1332 Wien ← ____________

An die
Allgemeine Sparbank
Institutplatz 14
1010 Wien ← ____________

Wien, am 4. März 1998 ← ____________

Bewerbung als Kaufmännischer Lehrling ← ____________

Sehr geehrte Damen und Herren! ← ____________

Es ist schon lange mein Wunsch, Bankangestellter zu werden, deshalb möchte ich mich in Ihrem Institut um diese Stelle bewerben.

Ich bin 14 Jahre alt und besuche derzeit die 4. Klasse der Hauptschule Wien-Altstadt. Das Halbjahreszeugnis gibt über meine Schulnoten Auskunft.

Ich glaube, dass ich die Anforderungen eines Bankangestellten erfüllen kann, weil ich in Mathematik und Deutsch gute Leistungen vorweisen kann. In meiner Freizeit lese ich gerne und bin Mitglied bei einem Leichtathletikverein. ← ____________

Ich ersuche Sie höflich, mein Bewerbungsschreiben wohlwollend zu bearbeiten und mir die Chance zu einem persönlichen Vorstellungsgespräch zu geben.

Mit freundlichen Grüßen ← ____________

Martin Sparlineck ← ____________

Beilagen: Lebenslauf
Kopie des Halbjahreszeugnisses
Lichtbild ← ____________

Lösung auf Seite 47!

Tipps zum Formulieren von Bewerbungen

Im Hauptteil eines Bewerbungsschreibens sollen die folgenden inhaltlichen Punkte angeführt werden. Du kannst dich auch an die vorgegebene Reihenordnung halten:

Wenn ich nicht weiß, was ich bei einem Bewerbungsschreiben schreiben soll, schaue ich hierher.

- Bezug auf das Inserat oder die Werbung nehmen
- Interesse am Beruf bekunden
- gegenwärtige Schulsituation beschreiben
- Versprechen geben, sich zu bemühen
- um ein Vorstellungsgespräch bitten

Wenn du dich in einem Bewerbungsschreiben um guten Ausdruck bemühst, versuche es einmal mit Gliedsätzen oder satzwertigen Infinitivgruppen!

Präge dir das Schreiben von solchen Gliedsätzen und satzwertigen Infinitivgruppen gut ein!

a) Beispiel **Gliedsatz:** Gliedsatzklammer

Einleitewort → Personalform

Ich glaube, dass ich den Anforderungen eines Bankbeamten entspreche.

b) Beispiel **satzwertige Infinitivgruppe:** Infinitiv mit „zu"

Ich glaube, den Anforderungen eines Bankbeamten zu entsprechen.

1 Baue die im Kasten unten angeführten Satzteile entweder zu einem Gliedsatz oder zu einer satzwertigen Infinitivgruppe aus!

Beispiel: versprechen … immer Bestes geben

a) Gliedsatz: Ich verspreche Ihnen, dass ich immer mein Bestes geben werde.

b) satzwertige Nennformgruppe:
Ich verspreche Ihnen, immer mein Bestes zu geben.

gelesen … Lehrlinge aufnehmen
Interesse haben … Wunschberuf sein
Eignung gegeben … gute Schulleistungen
bereit … an Aufnahmetest teilnehmen
hoffen … in Betrieb aufnehmen
ersuchen … in Firma vorstellen

Lösung auf Seite 47.

Form- und Rechtschreibfehler vermeiden

2 Das folgende Bewerbungsschreiben weist sieben Fehler in der Form und neun Rechtschreibfehler auf. Nimm einen Rotstift und zeichne die Fehler an!

Wie du Adressen richtig schreibst, erfährst du auf Seite 44 und 45!

Hans Rabe
Ulmenweg3
3333 Krächzen   Krächzen, am 4. März 1998

An die
Allgemeine Rabenbank
Vogelplatz 14
1010 Wien

Sehr geehrte Damen und Herren!

Bewerbung als Lehrling zum Handelsangestellten

Es ist schon lange mein Wunsch Verkäufer zu werden, deshalb möchte ich mich im Ihrem Institut um diese Stelle bewerben.

Ich bin 15 Jahre als und besuche die 4. Klasse der Hauptschule Krächzen-Süd. Meine Schulpflicht werde ich im Juli 1998 benden. Das Halbjahreszeugnis giebt über meine schulischen Leistungen und die freiwillig besuchten Übungen Auskunft.

Ich habe mich schon genau über den Beruf des Handelsangestellten infomiert und glaube, das ich den Anforderungen eines Bankangestellten entspreche, da ich gern mit Raben Umgang habe und ein sicheres Auftreten habe. In meiner Freizeit lese ich gerne und singe in einem Laienchor bei kleineren Konzerten mit.

Ich ersuche sie höflich, mir Gelegenheid zu einem persönlichem Vorstellungsgespräch zu geben. Im Falle einer Aufnahme verspreche ich, stets fleißig und gewissenhaft zu sein.

Mit freundlichen Grüßen

Hans Rabe

Beilagen: Lebenslauf
Kopie des Halbjahreszeugnisses
Lichtbild

3 Schreibe dieses Bewerbungsschreiben in dein Heft ab! Übertrage es aber in die richtige Form!

Lösung auf Seite 47.

Eine Bewerbung verbessern

Peter Struwel
Wienerstr. 34
5030 Salzburg

An das
Auto-Paradies
Gartenweg 5
5020 Salzburg

Salzburg, in 16. 4. 2000

Sehr geehrter Herr Auto-Paradies!

Sie suchen einen Lehrling, der ein sensationelles talent und einsame Begabung für seinen zukünftigen Beruf bei Ihnen mitbringt? Sie brauchen jemanden, der mit Kunden gut umgehen kann, der denen auch mal eine „Leiche" als tolles Auto aufschwatzen kann? Suchen Sie nicht länger! Sie haben diesen Schatz gefunden. Machen Sie mich zu Ihren neuen Lehrling!

Schon jetzt frisiere ich die Mofas und Mopeds meiner Freunde damit die das Letzte aus ihnen herausholen können. Sie alle bewundern mich und sagen, ich müsse unbedingt Mechaniker werden. Ich sei wie kein zweiter für diesen Beruf begabt.

Da ich, wie schon erwähnt sehr gut mmit Kunden umgehen kann, schlage ich vor, mich von Anfang an auch im Verkauf einzusetzen. Ich kann wie kein Zweiter Kunden einwickeln und werde Ihren Laden gehörig in Schwung bringen.
Darum greifen Sie schnell zu! Ihre Konkurrenten sind auch keine Schlafmützen und wissen, was ein guter Lehrling wert ist.

Ich bin täglich von 18.00 bis 23.00 bei meiner fixen Freundin Gerlinde zu erreichen. (Die Telefonnummer ihrer Eltern: 85 34 59.) Bitte Peter verlangen, dass bin ich.

Ihr

Peter Struwel

Beilage: Lebenslauf

1 Überarbeite Peters Bewerbung! Hilf ihm so, dass er gute Chancen hat, die Lehrstelle zu bekommen!

Lösung auf Seite 47.

Eine Bewerbung verfassen

1 Wähle aus den vorliegenden Inseraten eines aus und schreibe auf einen DIN-A4-Zettel ein Bewerbungsschreiben mit deinen Daten.

ZAHNARZTPRAXIS, Bezirk Urfahr-Umgebung, Nähe Linz. Suchen für unser junges, dynamisches Ordinationsteam einen freundlichen, motivierten Lehrling. Zuschriften unter „Nr. 1201“ an den Verlag.

BOUTIQUE BALU sucht VERKÄUFERINNEN, ganztags und Teilzeit, für Geschäft in Wels. Wenn Sie kontaktfreudig und redegewandt sind, außerdem sicher auftreten und über Kenntnisse im Textil- und Modebereich verfügen, dann senden Sie Ihre Bewerbung an Boutique Balu, Moglistraße 3, 9880 Zetern.

Wir suchen
LEHRLINGE (m/w)
zur Ausbildung als
Maschinenschlosser, Elektromechaniker für Starkstrom, Anlagenmonteur, Dreher, Schweißer, Bürokauffrau und technischer Zeichner.
Wir bieten sachkundige Ausbildung im ausgewählten Lehrberuf und nach bestandener Lehrabschlussprüfung die Chance auf Mitarbeit in einem exportorientierten Unternehmen des Industrieanlagenbaus.
Richten Sie bitte Ihre schriftliche Bewerbung an Heißluft-Industrieofenbau, Werkstraße 20, 4640 Hofstetten

Beachte die Hinweise auf Seite 26, 27 und 28!

Lebenslauf

Zu einem Bewerbungsschreiben gehört auch ein Lebenslauf. Viele Betriebe verlangen von Bewerbern den Lebenslauf in handschriftlich abgefasster Form.

Mit freundlichen Grüßen

Greta Spatz

Beilagen: Lebenslauf
Kopie des Halbjahreszeugnisses
Lichtbild

Die Handschrift gibt Aufschluss über gewisse Charaktereigenschaften wie Sorgfalt, Ausdauer, Willensstärke. Manche Firmen beauftragen Grafologen (Schriftsachverständige), die anhand der handschriftlichen Lebensläufe die Eignung der Bewerber für den Beruf feststellen.

In einem Lebenslauf werden die persönlichen Daten eines Bewerbers angeführt. Es gibt zwei Möglichkeiten, einen Lebenslauf zu schreiben:

- in Tabellenform
- in erzählender Form

Ein Lebenslauf in Tabellenform

Wien, am 4. März 1998

Lebenslauf

Name:	Martina Maria Banky
Geburtsdatum:	13. Jänner 1983
Geburtsort:	Wien
Staatsbürgerschaft:	Österreich
Familie:	Vater: Georg Banky, Tischler Mutter: Lydia Banky, geb. Mayr, Verkäuferin Geschwister: Robert, 8 Jahre
Schulbildung:	Volksschule in Klosterneuburg (1990 – 1994) Hauptschule in Wien-Altstadt, seit 1994, derzeit in der 4. Klasse; Ende der Schulpflicht: Juli 1998
Besondere Kenntnisse:	Deutsch und Englisch in der 1. Leistungsgruppe, Freigegenstände Maschinenschreiben und EDV
Hobbys:	Theater spielen, Führung einer Kindergruppe der KJS (Katholische Jungschar)

Martina Banky

1 Schreibe von Max oder Moritz einen Lebenslauf in tabellarischer Form! Erfinde die Angaben!

Lebenslauf

Persönliche Daten	Name:	______________
	Geburtsdatum:	______________
	Geburtsort:	______________
	Staatsbürgerschaft:	______________
	Mutter:	______________
	Vater:	______________
	Geschwister:	______________
Schulbildung	______________	
	______________	
Besondere Kenntnisse	______________	
	______________	
Hobbys	______________	
	______________	
Berufsziel	______________	

Ein erzählender Lebenslauf

1 Schlüpfe in die Rolle von Martina Banky und übertrage die Tabellenform des Lebenslaufes in eine erzählende Form!

Geburtsdatum/Geburtsort Religion/Staatsbürgerschaft Eltern	Ich wurde am … in … geboren … österreichischer Staatsbürger Mein Vater, Johann …, ist beschäftigt … Meine Mutter, Renate …, geborene …, ist … Meine zwei Geschwister sind … Jahre alt. Seit 1991 wohnen wir in …
Schulbildung	Von … bis … besuchte ich … Dann wechselte ich … Meine Schulpflicht endet …
Besondere Kenntnisse	… zählen zu meinen Lieblingsfächern … In den Gegenständen … gute Leistungen … besuchte ich die Freigegenstände …
Hobbys	… Freizeit betreibe ich …

Diese Satzteile helfen dir beim Verfassen eines Lebenslaufes in erzählender Form!

Was du in einen Lebenslauf schreiben sollst:

- persönliche Daten
- die Familiensituation
- Stationen der Schullaufbahn
- deine besonderen Interessen
- deine Hobbys

2 Schreibe deinen eigenen Lebenslauf – zuerst in Tabellenform, dann in erzählender Form!

Der Steckbrief

In vielen Zeitschriften werden persönliche Daten von Stars in Steckbriefen dargestellt.

Künstlername: SeSam
Bürgerlicher Name: Sebastian Saminger
Geboren: 3. Jänner 1982
Sternzeichen: Steinbock
Geburtsort: Köflach, Steiermark
Eltern: Paul (Lehrer) und Maria Saminger (Lehrerin)
Geschwister: Peter, geb. 1976
Haarfarbe: blond
Größe: 1,80 Meter
Gewicht: 69 Kilo
Schulbildung: je 4 Jahre Volks- und Hauptschule
Hobbys: Musik, Skaten
Lieblingsspeisen: Pizza
Eigenschaften: willensstark, selbstsicher, ehrgeizig
Lieblingsfarbe: blau, gelb
Erlernte Instrumente: 1988 bis 1992 Flötenunterricht in der örtlichen Musikschule, 1992 bis 1997 Gitarrenunterricht bei einem privaten Musiklehrer
Erster Auftritt: 1990 bei einem Schulfest mit der Flöte
Weitere Auftritte: Mit der Gitarre bei Schulfesten, bei Marktfesten, 1996 Teilnahme bei einem regionalen Nachwuchswettbewerb, 1997 Sieger dieses Wettbewerbs
Berufliche Tätigkeiten: Lehre als kaufmännischer Angestellter im Modefachbetrieb „Good-Looks“
Wohnort: bei den Eltern in Köflach, Kleinstraße 23
Zukunftspläne: zunächst Abschluss der Lehre, dann Profimusiker oder Besitzer eines Musikgeschäfts

Lösung auf Seite 48.

3 Schreibe mit Hilfe des Steckbriefes einen Lebenslauf von Sebastian Saminger in erzählender Form!

Ein Lebenslauf zur Abschreckung

Als Löwe Geborener habe ich, Peter Struwwel, in einem kleinen Kaff, Walding genannt, in Oberösterreich 1981 am 24. Juli kurz nach Mitternacht das Licht der Welt zum ersten Mal erblickt. Ständig jede unbeaufsichtigte Minute nützend, entfleuchte ich den scharfen Augen meiner lieben, aber hilflosen Mutter, Hildegard, Friseurin, derzeit Hausfrau. Diese Ausflüge wurden schon in frühen Kindertagen zum Hobby. Mein Vater, Christian Struwwel, ist von Beruf Malermeister. Nach meinem dritten Geburtstag unterhielt ich die Tante in unserem heimatlichen Kindergarten. Zuhause hatte meine Mutter damals alle Hände voll zu tun mit meiner einzigen, ständig krähenden Schwester Barbara. Die Grundschulzeit war gar nicht so übel, die Noten waren passabel. Nach der Schule ging ich meistens schwarz Fischen, meine große Leidenschaft neben meiner jetzigen Freundin Gerlinde. Der Gendarmerie ging ich dabei dreimal ins Netz, was meine Eltern eine Stange Geld kostete. Aber wie heißt es doch: In den Nachwuchs muss man Liebe und Geld investieren. Mathematik gehörte ebenso wenig zu meinen Lieblingsgegenständen wie Physik und Chemie, da schon eher Werken und Zeichnen. Auch Leibeserziehung, Informatik und Geschichte waren zum Aushalten. Die Schulzeit der Hauptschule war eine ziemliche Quälerei, für die Lehrer ebenso wie für mich. Zu Winterbeginn veranstalteten wir gerne eine Schneeballschlacht in der Klasse, zu Frühlingsbeginn eine Hasenjagd. Mit meinem Klassenvorstand vertrug ich mich halbwegs. 1996 beendete ich zur Freude aller die Schulpflicht. In meiner Freizeit bin ich häufig in der Kantine neben dem Fußballplatz anzutreffen. Manchmal spiele ich auch in der Reserve mit. Ich bin ein sportlicher Typ, wie Andreas Herzog, wem das etwas sagt.
Ich habe ganz tolle Freunde, leider haben meine Eltern ihnen Hausverbot gegeben. Die sind noch von der alten Schule und sehr konservativ, was Erziehungsfragen betrifft. Ziele für später habe ich noch keine genauen, aber ich könnte mir vorstellen, einmal Automechaniker zu werden, da ich gerne die Mopeds meiner Freunde frisiere und an Motoren herumbastle.

1 Streich alle Angaben, die nicht in einen Lebenslauf gehören! Was würdest du anders formulieren?
Schreib den Lebenslauf neu!

2 Forme ihn in einen tabellarischen Lebenslauf um!

Lösung auf Seite 48.

„Sehr geehrter Herr Firma!“ – Geschäftsbriefe

Peter Struwwel
Wilhelmstraße 57
25550 Busch

Firma
Jugend & Mode
Altgasse 4
18874 Neustadt

Busch, am 11. März 1998

Betrifft: Bestellung des Katalogs

Liebe Frau Sekretärin oder Herr Geschäftsführer!

Ich habe bei einem Freund einen Katalog von Ihrer Firma gesehen, der mir sehr gut gefällt. Ihre Firma vertreibt viele verschiedene Artikel, die auch ich gut gebrauchen könnte. Zum Beispiel finde ich die Kleidungsangebote echt cool und eigentlich gar nicht teuer. Auch die Werkmaterialien interessieren mich brennend, denn ich bastle für mein Leben gern. Echt toll finde ich auch Ihre Kosmetikartikel mit natürlichen Wirkstoffen. Die kann ich gut gebrauchen, denn ich habe derzeit einige Pickel. Leider ist es mir unmöglich, bei Ihnen vorbeizuschauen, da Ihre Firma schätzungsweise 800 Kilometer von meinem Wohnort entfernt ist. Mein Vater weigert sich, mit dem Auto so weit zu fahren, und erlaubt mir auch nicht, mit dem Zug anzureisen.
Also bitte ich Sie höflich, mir einen Katalog zuzusenden. Ich verspreche Ihnen, dass ich nach erfolgter Zustellung der Waren die Rechnungen prompt bezahlen werde.

Liebe Grüße von

Geschäftsbriefe sollen kurz sein und sich auf die wichtigen Informationen beschränken.

1 Peter hat sich wirklich bemüht, höflich und ausführlich zu schreiben. Aber der arme Sachbearbeiter der Firma! Stell dir vor, jeder Geschäftsbrief, den er bearbeiten muss, wäre so lang. Kürze den Inhalt von Peters Brief!

Was, so viele Möglichkeiten gibt es, einen Geschäftsbrief zu schreiben?

2 Ordne die Geschäftsbriefe mit einem Pfeil dem richtigen Adressaten zu! (Lösung auf Seite 48.)

Bestellung einer Ware	Behörden	Reklamation
Kündigung der Mitgliedschaft	Firmen	Verlustanzeige
Ansuchen um Schulfreistellung	Vereine	Kaufvertrag
Bestellung eines Katalogs		Beitrittserklärung
Bewerbungsschreiben		Schadensmeldung

Der Inhalt von Geschäftsbriefen

Hier sind drei Briefe durcheinander geraten: Anfrage um Prospektmaterial, Ansuchen um außerordentliche Schulfreistellung, Kündigung einer Vereinsmitgliedschaft.

Ich habe Ihr Inserat in der „Raben Zeitung" gelesen und ersuche Sie, mir Prospektmaterial und Preislisten über Vogelhäuser zuzusenden.
Weil meine Familie mit 1. März nach Dumbach übersiedelt, möchte ich meine Mitgliedschaft beim Rabenverein „Obstgarten-Ost" kündigen.
Ich ersuche um Schulfreistellung meines Sohnes Konrad für das Sommersemester 1999.
Bei dieser Gelegenheit möchte ich den Trainern und Funktionären für die gute Betreuung recht herzlich danken.
Mein Sohn ist Schüler der 5. Klasse im privaten Raben-BRG in Obstgarten.
Interessant wäre für mich der Typ „Halbhöhlenbrüter mit Veranda" für vier Vögel.
Ich ersuche Sie, mir keine weiteren Rechnungen über Mitgliedsbeiträge zu schicken.
Der Grund für das Ansuchen um den Sonderurlaub ist unsere vorübergehende Übersiedlung nach Dumbach wegen meiner halbjährigen Montagetätigkeit beim Federkleidhersteller „Pfau & Co".
Ich bitte Sie, die Unterlagen bis 1. Februar an meine Adresse zu schicken.

3 Schreibe die Inhalte der drei Geschäftsbriefe getrennt auf!

Betrifft: Anfrage um Prospekte

Betrifft: Ansuchen um Schulfreistellung

Betrifft: Kündigung der Vereinsmitgliedschaft

Formale Richtlinien eines Geschäftsbriefes

Geschäftsbriefe unterliegen gewissen formalen Normen, die der Schreiber berücksichtigen soll.

4 Setze die Begriffe, die der Rabenlehrer aufzählt, in die leeren Felder des Muster-Geschäftsbriefes ein!

Diese formalen Teile soll ein Geschäftsbrief unbedingt enthalten:

- Anlass des Schreibens (= Betrifft)
- Anrede
- Anschrift des Absenders
- Anschrift des Empfängers
- Grußformel und Unterschrift
- Ort und Datum (zwei Zeilen unter der Empfängeradresse)
- Text

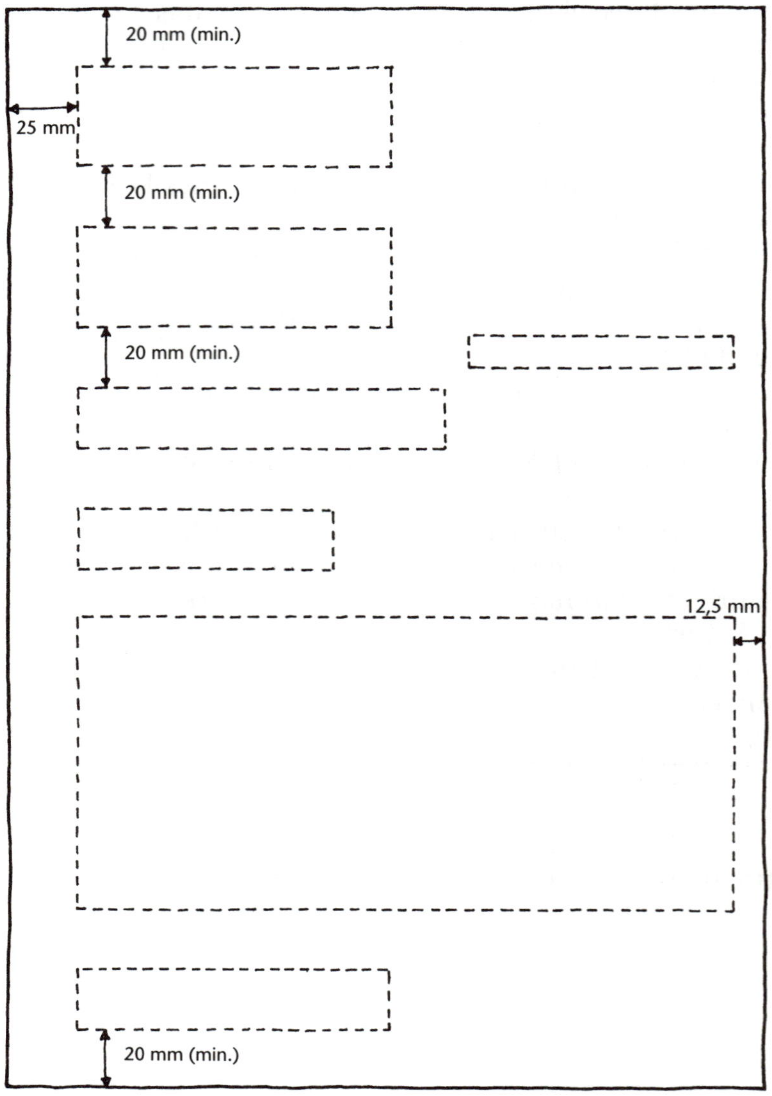

Tipp
Als Vorlage dient dir der Brief auf Seite 27.

5 Schreib mit einer der folgenden Angaben einen Geschäftsbrief!

> Der Verlag Tip & Top in 2202 Lauterach, Losgasse 5, bietet ein günstiges Abo für die Zeitschrift „YES". Preis für 52 Hefte S 798,--. Mindestbindezeit: 2 Jahre. Als Werbegeschenk gibt es eine Karotasche aus 100 % Leinen, Farben: rot, blau oder grün.

> Suche beim Sportverein „SU Steinau", Golfplatz 7, 4352 Lauffen, um die Miete des Sportplatzes für ein Pop-Konzert an. Veranstalter ist deine Jugendgruppe. Versprich, die Veranstaltung bei der Polizei zu melden und für Sachbeschädigungen geradezustehen.

ACHTUNG – ACHTUNG! Käuferfallen!

Inserate in Zeitungen können viel Interessantes beinhalten. Es handelt sich meistens um gebrauchte Waren. Manchmal lohnt es sich jedoch vorsichtig zu sein.
Vor diesen Angeboten solltest du dich in Acht nehmen!

Reflexo-RX-power. Die Kamera, mit der jedes Bild gelingt.

Sensationspreis

nur 2.999,--

(Tasche obligat S 341,- : Gesamtpreis 3.340,-)

Sonderangebot: 1A Qualität Bio-Rindfleisch

Kurze Zeit nur 95,- /kg

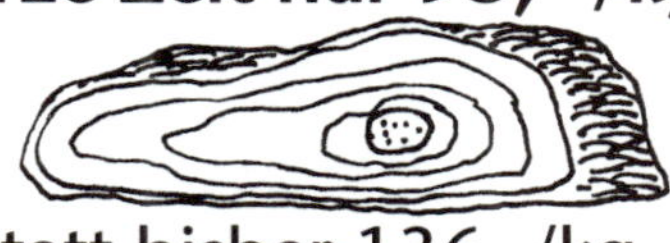

statt bisher 136,-/kg

Mindestabnahme 10 kg

PC-333-MP, weltschnellster Prozessor 333 Mhz mit MMX-Technologie, 440 LX-Chips, ATX-Standards, 512 KB Cache, 4 MB AGP Profi-Grafikcard.

26.990,-

Mit High-Tech-**Maus, Tastatur** und **19" Monitor** empfohlen.

Wenn Sie's besonders günstig wollen! Im Wunderland des Wohnens. Das super-flexible Riesen-Wohnprogramm!

Preisbeispiel laut Bild genau

19.998,-

(Liefer- und Montagepreis 29.598,-)

Marken-Badeschaum mit klinischen Liposomen für empfindliche und normale Haut

Qualität hat ihren Preis, regulär 179,-

Jetzt als Doppelpackung:

Nur 368,-

Lerne aus deinen Fehlern!

- Wirf dein Geld nicht zum Fenster hinaus! Steh der Werbung und den Verkäufern kritisch gegenüber! Lästige Fragen beim Kauf stellen ist besser als hinterher.
- Preis und Leistung mit anderen Produkten vergleichen!
- Vorsicht bei Gelegenheitskäufen!
- Vor der Unterschrift den Vertrag gut durchlesen!
- Mündliche Sondervereinbarungen gelten nicht!

1 Gib an, warum diese Angebote mit Vorsicht zu genießen sind! (Lösung: Seite 48)

1. ______________________________

____

____

2. ______________________________

____

____

3. ____

____

____

4. ____

____

____

5. ____

____

____

2 Texte selbst eine Werbung zu den folgenden Produkten! Baue eine „Falle" für Käufer ein! Verschleiere sie geschickt durch Schriftgröße, Farbe, Herausstreichen von Nebensächlichkeiten, „Rechenprobleme", …

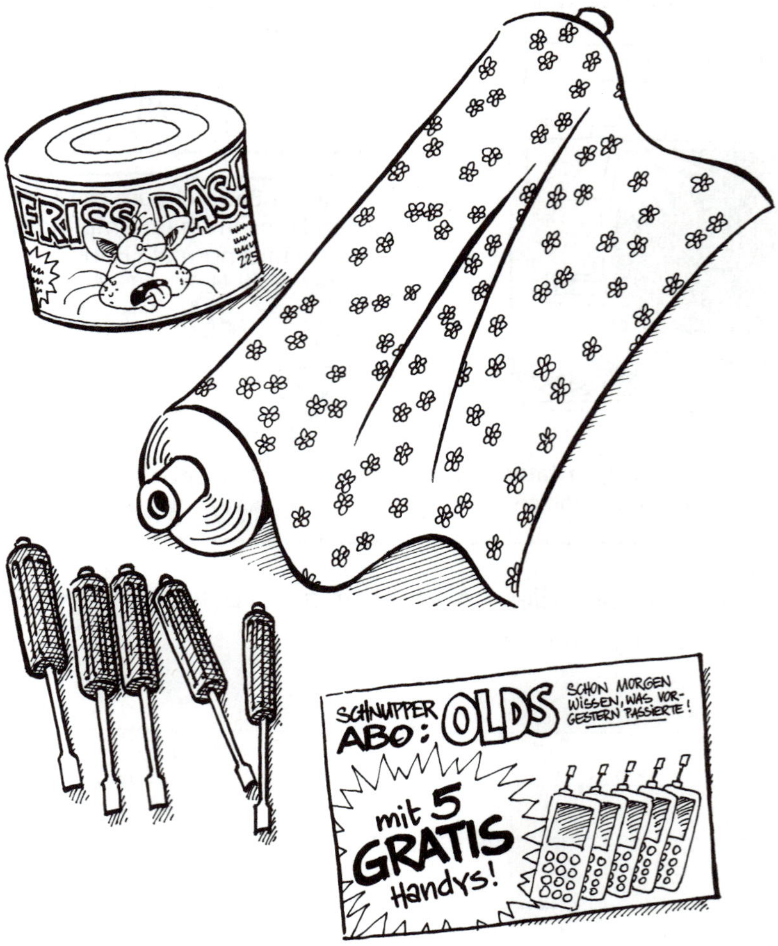

Wenn du weißt, wie man absichtlich Fehler einbauen kann, weißt du auch, wie du sie vermeidest!

Inserate beantworten

1. Verkaufe fast ungebrauchte Modelleisenbahn, Neupreis 15.000,--, montiert auf einer Platte 2 x 1,5 m, drei Loks, viele Waggons, Trafo, etc. PF 300, 7049 Engelhardszell.

2. Verkaufe Leopardenfell-Pelzmantel, ohne Fehler, wenig getragen, Verhandlungsbasis 45.000,--. Erbitte schriftliche Antwort an die Zeitung. Chiffre Nr. 5684.

3. Versteigere tolle Poster- und Artikelsammlung zur Kelly-Family, topaktuell 350 Seiten, in Ringbindermappe! Gebote an Heike Norden, Hemleiten 7, 4376 Windhofen.

4. Ganz junge Welpen zu verkaufen. Angebote an PF 40, 4010 Linz.

5. Steyr, Stadtplatz, schön renovierte, große Eigentumswohnung, mit Balkon, etwas Verkehrslärm, günstig. 4080 Steyr, Kennwort „Wohnung".

Also beim ersten Inserat möchte ich wissen:

- Verkaufspreis?
- Spurweite der Eisenbahn?
- Marke der Loks und Trafos und Schienen?
- System: Gleichstrom oder Wechselstrom?

1 Welche Fragen würdest du diesen Inserenten stellen?

1. ______________________________

____

2. ______________________________

____

3. ______________________________

____

4. ______________________________

____

5. ______________________________

____

2 Schreib selbst drei Inserate, in denen du etwas von dir anbietest! Versuche kurz, aber genau zu formulieren! Verlocke zum Kauf, aber schwindle nicht!

Wer in Inseraten etwas „beschönigt", handelt sich nur Ärger ein, wenn der Käufer den Gegenstand dann selbst sieht.

Einen Kaufvertrag oder eine Rechnung ausstellen

Im Kaufvertrag wird schriftlich festgehalten, welche Rechte und Pflichten Käufer und Verkäufer haben.

Was der Kaufvertrag (die Rechnung) noch enthalten muss: **Name des Käufers und Verkäufers, Datum, Ort des Kaufes.**

Käufer	Verkäufer
Rechte Rechtzeitiger Erhalt der einwandfreien Ware	**Rechte** Rechtzeitiger Erhalt der vereinbarten Kaufsumme
Pflichten Rechtzeitige Bezahlung	**Pflichten** Rechtzeitige Lieferung der einwandfreien Ware und Garantie, dass für eine bestimmte Zeit (6 Monate bis 3 Jahre) keine Mängel auftreten

Vor allem bei kleineren Beträgen wird in Geschäften nur ein Kassabon ausgestellt. Eine Rechnung bzw. ein Kaufvertrag ist bei teureren Waren und bei solchen mit Garantie wichtig. Auch zwischen Personen, die privat einen Kauf bzw. Verkauf durchführen, ist eine Rechnung sinnvoll.

Schau dir eine **„Rechnung"** einmal genauer an, sie unterscheidet sich vom **„Kassabon"**, der nur den Preis und die Warenbezeichnung enthält.

Kaufvertrag

zwischen Hans Rabe, Ulmenweg 3,
und Georg Fink, Föhrenstraße 5

Hans Rabe verkauft ein Nest in Ulmenweg 3, Größe 15 mal 15 cm, neuwertig, aus Stroh, Gräsern und Zweigen, 3 Jahre alt.
Georg Rabe kauft das Nest um 26 Würmer. Die Würmer werden bei der Übersiedlung am 1. 4. 2002 bezahlt.

Garantie für Bauschäden wird für 6 Monate gewährt. Für später auftretende Mängel wird keine Garantie gewährt.

Vogeldorf, 30. 2. 2002

Hans Rabe Georg Fink

1 Schreib einen Kaufvertrag zu einem der Inserate der vorhergehenden Seite!

Reklamieren

Was tun nach dem Kauf, wenn etwas nicht funktioniert?
In diesem Fall hat man Anspruch auf die Garantie, wenn man innerhalb der vereinbarten Garantiezeit den Schaden meldet. Der Kaufgegenstand muss entweder repariert werden oder er wird durch ein neues Stück desselben Fabrikats ersetzt.

Tipp
Immer sachlich bleiben, nie beleidigend werden. „Ihr Gerät entspricht leider nicht meinen Erwartungen" klingt höflicher als „Ihr Gerät ist der reinste Dreck".

Was tun, wenn der Liefertermin nicht eingehalten wird?
In diesem Fall muss man zuerst reklamieren. Wenn dann noch immer nicht geliefert wird, muss man zunächst den Kaufvertrag schriftlich stornieren, erst dann sollte man bei einer anderen Firma sein Glück versuchen.

Was tun nach dem Kauf, wenn man den Kauf aus persönlichen Gründen rückgängig machen möchte?
Hier hat man Pech – und es hilft keine Reklamation. Man ist auf den guten Willen des Verkäufers angewiesen. Vielleicht kann man einen Gutschein für das Rückgabestück bekommen. Das Geld wird man nicht mehr zurückbekommen. Besser ist es, man überlegt den Kauf im Vorhinein!

Ihre Lieferung vom 23. 5. mit der Rechnungs-Nr. 27189

Ich muss Ihnen leider mitteilen, dass das von Ihrem Versandhandel gelieferte Bügeleisen eine Beschädigung aufweist. Der Temperatureinstellring ist gebrochen und die Sicherheit damit nicht mehr gewährleistet. Ich ersuche Sie um eine neuerliche Lieferung eines einwandfreien Gerätes. Der Postversand erfolgt zu Ihren Lasten.

Mit freundlichen Grüßen

Bertram Plattner

Beiliegend: beschädigtes Bügeleisen in Originalverpackung

Merke: In einer Mängelrüge muss enthalten sein:
- dein Name, deine Adresse, Telefonnummer
- Bestellnummer und Lieferdatum
- Aufzählung aller Mängel
- die Erwartungen, die du an die Firma stellst

1 Die Stereoanlage, die du vor etwas mehr als einem Jahr gekauft hast, schaltet sich in letzter Zeit nach einigen Minuten von selbst aus. Die Garantiezeit ist nach einem Jahr abgelaufen. Ersuche die Mitarbeiter des Versandhauses, ob dieser Fehler noch als Garantie-Schadensfall behandelt werden kann.

2 Du wartest schon drei Wochen länger als vereinbart auf die CD deiner Lieblingsgruppe. Frag nach, ob in der nächsten Woche geliefert werden kann. Wenn nicht, möchtest du die Bestellung rückgängig machen.

Die Adresse richtig schreiben

Merke: Eine Adresse schreibt man linksbündig. Das bedeutet, dass der Beginn **aller** Schriftzeilen in einer Linie verläuft. Vermeide Herausrückungen oder Leerzeilen!

Eine Meisterleistung des Postbeamten, wenn er diesen Brief zustellen kann!

So ist die Anschrift richtig:

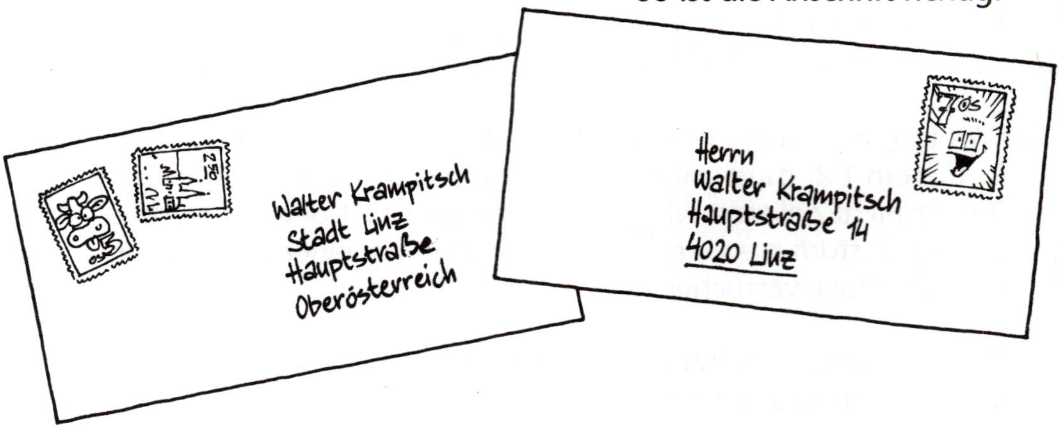

- (Titel) Vor- und Zuname
- Straße, Hausnummer
- Postleitzahl, Ort
- Land (nur wenn der Brief ins Ausland geht)

Platz für Briefmarken

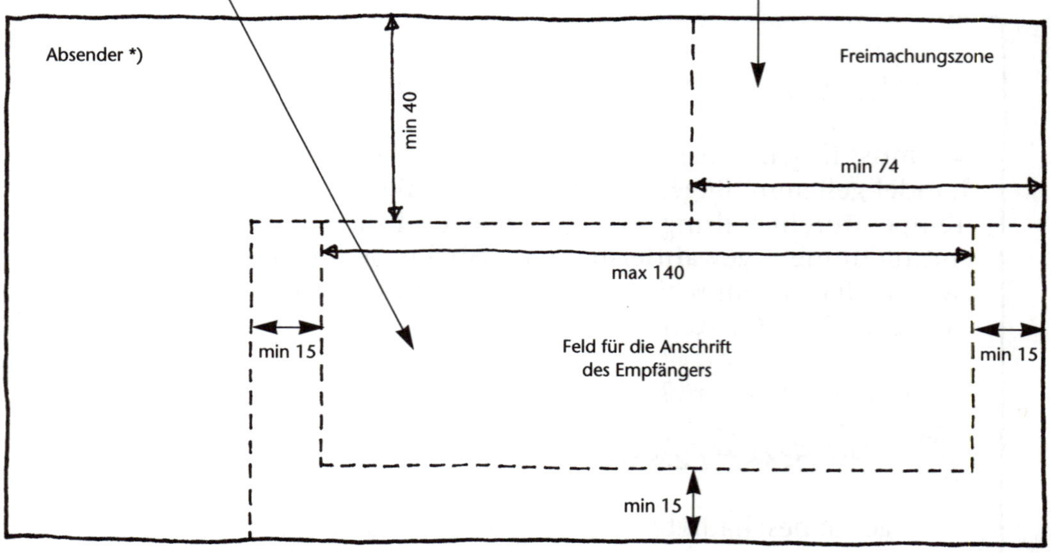

An Stelle des Namens und der Straße kann ein **Postfach (PF) mit Nummer** stehen. Ein Postfach ist ein persönlicher Postkasten im Postamt, für den der Empfänger einen Schlüssel besitzt. Beispiel: PF 13, 1180 Wien

*) Der Absender kann hier oder auf der Rückseite geschrieben werden.

Bei Auslandssendungen vor der Postleitzahl die internationale Abkürzung des Landes angeben (B für Belgien, D für Deutschland, SLO für Slowenien …)

Abkürzungen:

Magister – Mag.	Sehr geehrter – S.g.
Ingenieur – Ing.	und anderes – etc.
Hauptstraße – Hauptstr.	und anderes mehr – uam.
Meiergasse – Meierg.	Absender – Abs.
Firma – Fa.	Postfach – PF

1 Diese Adressen beinhalten einige Fehler. Verbessere sie!
Bedenke, die Briefe wurden alle in Graz aufgegeben.

An Herrn Mag.
Krumpf Alfred
Leonstr. 84
A-4040 Linz

An die sehr geehrte
Frau Ingenieur Huber
Kürnbergerallee 16a
Berlin 10785

Tipp
Zeichne dir dazu Kuverts im Format 14 x 9 cm auf!

Meißnitzer Rudolf, Facharzt
Zahnsteingasse 9
4020 Linz
Österreich

2 Gib auch diese Adressen richtig an!

Die Rauchfangkehrerfirma des Herrn Huber Hans ist in Linz am Moltererweg 23 beheimatet. Linz hat die Postleitzahl 4020.

Frau Facharzt Gisela Schmerz wohnt in 1211 Wien in der Gelbunkenstraße 2, Stiege 11, Tür Nummer 9.

In Neusiedel am See (7100) kann man den ARBÖ Abschleppdienst in der Unteren Hauptstraße 187 erreichen.

Senden Sie den Brief an das Postfach 123 in Wien 1192!

Die gute ARTS-Baufirma kann man in Österreich in 1150 Wien, wahrscheinlich in der Wegscheiderstr., Hausnummer 27, finden.

Schreiben Sie dem Friseursalon Andrea, Deutschland, in der Annengasse 6, Fehring (83503).

Die gnädige Frau Margit Weiss und der geehrte Herr Magister Hans Weiss sind in der Stifterstraße 33 in A-4100 Ottensheim erreichbar!

Postlagernde Sendungen sind auch möglich: Man schreibt den Namen oder ein Kennwort auf das Kuvert. Wer das Kennwort weiß, kann den Brief am Postamt abheben. Beispiel:

„Sommerferien"
postlagernd
4041 Linz

oder

Mayer Hubert
postlagernd
1190 Wien

Lösung auf Seite 48.

Den Brief eingeschrieben aufgeben

Tipp
„Eingeschrieben" gibt man einen Brief auf, wenn der Inhalt wertvoll ist oder wenn man beweisen will, dass man den Brief aufgegeben hat.

In manchen Fällen möchtest du ganz sicher sein, dass dein Brief nicht verloren geht. Außerdem möchtest du – etwa bei einer Reklamation – im Streitfall nachweisen können, dass du den Brief an einem bestimmten Datum aufgegeben hast: Dann gib den Brief „eingeschrieben" auf.

Das Post-Formular für einen Einschreibebrief und wie es ausgefüllt wird:

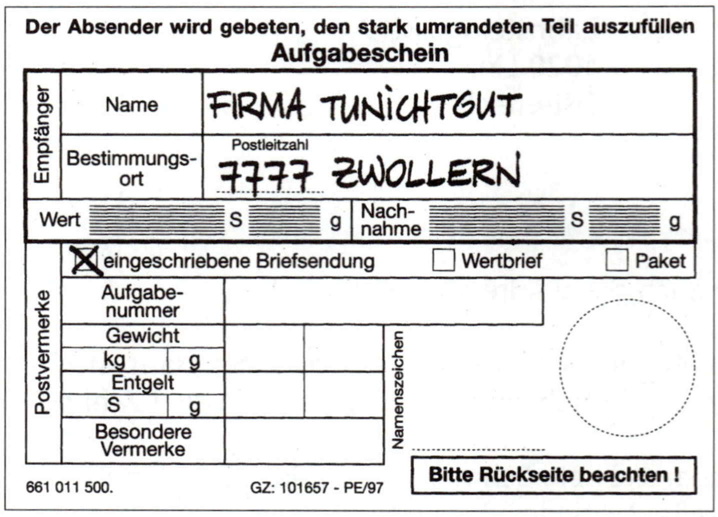

Den **Erlagscheinabschnitt** gut aufbewahren, am besten bei der **Garantieerklärung** und der **Bedienungsanleitung** des Kaufgegenstandes. Mit dem Erlagschein kann man im Streitfall nachweisen, dass die Ware bezahlt wurde.

Bar – Bezahlung mit Banknoten und Münzen

Kontonummern – unter diesen Nummern werden alle Eingänge und Abbuchungen eines Kunden bei der Bank verbucht.

Einen Erlagschein ausfüllen

Viele Rechnungen werden nicht bar bezahlt, sondern die Rechnung wird mittels eines Erlagscheines auf der Post oder Bank bezahlt. Dabei wird der Betrag vom Konto des Käufers auf das Konto des Rechnungslegers, der die Ware geliefert hat, überwiesen. Der Betrag für einen Erlagschein kann auch bar bezahlt werden.

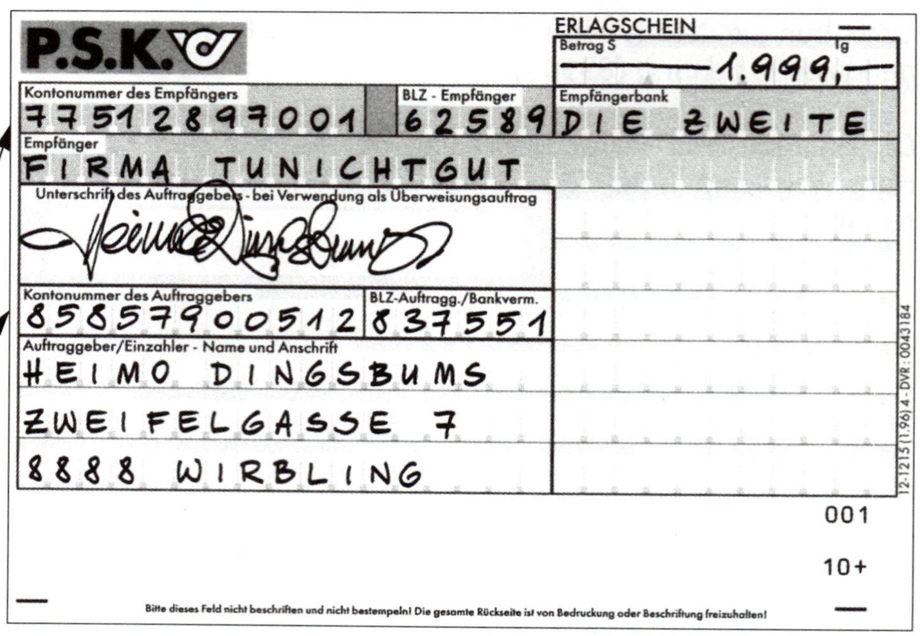

Lösungen

Seite 16:
2) Ich hasse Drogen, denn ich liebe das Leben.
Suchtgifte lösen keine Probleme, sie schaffen höchstens welche.
Wenn Sie heute am Abgrund stehen und zu Drogen greifen, sind Sie morgen einen Schritt weiter.

Seite 20:
8) Folgende Wörter gehören unterstrichen: Einleitung, Begründung, Hauptteil = deine Meinung, Appell, Unterschrift, Beweis, Behauptung, Überschrift
9) 1. Überschrift, 2. Einleitung, 3. Hauptteil, 4. Appell, 5. Unterschrift; Meinung A/B: Behauptung, Begründung, Beweis.

Seite 24:
1) … ich lehne ab … strenge Disziplin … Ziel der Erziehung … stimme überein … (k)ein geeignetes Erziehungsmittel … teile seine Ansicht (nicht) … nachsichtig erziehen … jugendlicher Protest … Mangel an Erfahrung … Vertrauen gewinnen … Charakter entwickeln … demütigende Behandlung … Methode der Erziehung … antiautoritär erziehen … körperliche Züchtigung …

Seite 25:
Fa. Quichita sucht fleißigen, gewissenhaften und sorgfältigen Krümmungsfachmann mit Diplom als Controller für Bananen-Biegefabrik. Beste Bezahlung in frischen Naturalien. Sudan, Mbambostreet 4, 23682 Chinquepunto. – Rapunzel & Co. GmbH Haarwuchsmittel-Fabrik sucht erfahrenen Chemiker zur Kreation neuer Haarwuchsmittel. Voraussetzung: ideenreich, begeisterungsfähig, schwindelfrei auch in großen Höhen. Referenzen an: R & Co, Hexenegg 33, 7342 Ochsenhausen.

Seite 26:
1) Schreiben von Martin Sparlineck: Form und Inhalt gut gelungen
2) Schreiben von Martina Banky: inhaltlich gut (Information über die schauspielerische Tätigkeit allerdings überflüssig); statt handschriftlicher Korrekturen hätte der Brief noch einmal geschrieben werden müssen!

Seite 27:
1) Gliederungsteile von oben nach unten: Absender – Anschrift – Ort und Datum – Anlass des Schreibens – Anrede – Text der Bewerbung – Grußformel – Unterschrift – Beilagen

Seite 28:
1) *gelesen … Lehrlinge aufnehmen*
Gliedsatz: Ich habe in einem Zeitungsinserat gelesen, dass Sie in Ihrem Betrieb Lehrlinge aufnehmen.
Interesse haben … Wunschberuf sein
Gliedsatz: An dieser Stelle habe ich Interesse, weil … schon lange mein Wunschberuf ist.
Eignung gegeben … gute Schulleistungen
Gliedsatz: Weil ich gute Schulleistungen habe, glaube ich, dass meine Eignung gegeben ist.
bereit … bei Aufnahmetest teilnehmen
Satzwertige Infinitivgruppe: Gerne bin ich bereit, bei einem Aufnahmetest teilzunehmen.
hoffen … in Betrieb aufnehmen
Gliedsatz: Ich hoffe, dass ich in Ihren Betrieb aufgenommen werde.
Satzwertige Infinitivgruppe: Ich hoffe, in Ihren Betrieb aufgenommen zu werden.
ersuchen … in Firma vorstellen
Gliedsatz: Ich ersuche darum, dass ich mich in Ihrer Firma vorstellen darf.
Satzwertige Infinitivgruppe: Ich ersuche darum, mich in Ihrer Firma vorstellen zu dürfen.

Seite 29:
1) Formfehler: zu wenig Platz am linken Seitenrand frei – Abstand zwischen Straßenname und Hausnummer – Ort und Datum gehört nach einer Leerzeile unter die Anschrift – Anrede und Anlass des Schreibens gehören getauscht – im Hauptteil soll der Beginn der Absätze einheitlich sein – Grußformel und Unterschrift gehören auf die linke Seite – in den Beilagen ist das Wort „Lebenslauf" zu weit eingerückt.
Rechtschreibfehler im Text der Bewerbung: Zeile 2: in Ihrem Institut – Zeile 4: 15 Jahre alt – Zeile 6: im Juli 1998 beenden. Das Halbjahreszeugnis gibt – Zeile 12: informiert und glaube, dass – Zeile 18/19: ersuche Sie höflich, mir Gelegenheit zu einem persönlichen

Seite 30:
Fehler in Peters Brief: In der Anschrift: Peter Struwwel – Salzburg, am – Talent – einzigartige Begabung – machen Sie … zu Ihrem neuen Lehrling – Mopeds meiner Freunde, damit – wie kein Zweiter – wie schon erwähnt, – sehr gut mit Kunden – das
1) Vorschlag für den Text der Bewerbung:
Sehr geehrte Damen und Herren!
Meine große Leidenschaft gilt seit je den Fahrzeugen – aber nicht, um schnell damit zu fahren, sondern um genau zu wissen, wie sie funktionieren. Mein größter Wunsch ist es, Mechaniker zu werden, weshalb ich mich in Ihrer Firma als Lehrling bewerben möchte. Im Juli dieses Jahres werde ich meine Schulpflicht beenden. Ich würde mich sehr freuen, wenn Sie mir die Gelegenheit zu einem persönlichen Vorstellungsgespräch gäben. …

Seite 33:
1) Mögliche Niederschrift des erzählenden Lebenslaufs:
Ich heiße Martina Banky und wurde am 13. Jänner 1983 in Wien geboren. Ich bin österreichische Staatsbürgerin. Mein Vater, Georg Banky, ist als Tischler beschäftigt, meine Mutter Lydia Banky, geborene Mayer, ist Verkäuferin bei der Firma „Topmode". Mein Bruder Robert ist acht Jahre alt. Unsere Familie wohnt seit 1994 in Wien im 4. Bezirk. Von 1990 bis 1994 besuchte ich die Volksschule

in Klosterneuburg. Nach Beendigung meiner Volksschulzeit wechselte ich in die Hauptschule Wien-Altstadt, wo ich derzeit die 4. Klasse besuche. Im Juli 1999 ist meine Schulpflicht beendet.
Die Gegenstände Deutsch und Englisch zählen zu meinen Lieblingsfächern, wo ich auch in der 1. Leistungsgruppe bin. Auch in den anderen Hauptgegenständen habe ich gute Noten. Ich habe in der 4. Klasse auch die Freigegenstände Maschinschreiben und EDV besucht.
In meiner Freizeit spiele ich bei einer Jugendgruppe Theater. Außerdem führe ich in unserer Pfarre eine Gruppe der katholischen Jungschar.

Seite 34:
3) Mögliche Niederschrift des Lebenslaufes von Sebastian Saminger:
Ich heiße Sebastian Saminger und wurde am 3. Jänner 1982 in Köflach in der Steiermark geboren. Ich bin österreichischer Staatsbürger.
Meine Eltern heißen Paul und Maria Saminger. Beide sind als Pflichtschullehrer in Köflach beschäftigt.
Meine Pflichtschule absolvierte ich in Köflach: von 1986 bis 1991 die Volksschule, in den Jahren 1991 bis 1995 die Hauptschule.
Seit 25. August 1995 lerne ich den Lehrberuf „Kaufmännischer Angestellter" im Modefachbetrieb „Good-looks" in Köflach. Derzeit bin ich im 3. Lehrjahr und werde meine Lehrzeit im Sommer 1998 beenden.
Die Musik spielt seit meiner Kindheit eine wichtige Rolle. Mit sechs Jahren lernte ich in der Musikschule Flöte. Mit zehn Jahren wechselte ich zum Musikinstrument Gitarre. Schon während meiner Schulzeit durfte ich bei Schulfesten mit meinen Musikinstrumenten bei Feiern vor Eltern auftreten. Seit dem 14. Lebensjahr trete ich bei Nachwuchswettbewerben als Gesangssolist auf. 1997 konnte ich den Bewerb „Jugend musiziert" gewinnen.

Seite 35:
2) Name: Peter Struwwel; Geburtsdatum: 24. 7. 1981; Geburtsort: Walding; Staatsbürgerschaft: Österreich; Mutter: Hildegard Struwwel, derzeit Hausfrau; Vater: Christian Struwwel, Malermeister; Geschwister; Barbara, geboren 1984; Schulbildung: Grundschule in Walding 1987–1991, Hauptschule in Ottensheim 1991–1996; Hobbys: Fußball, Technik; Berufsziel: Automechaniker

Seite 36:
2) Behörden: Ansuchen, Verlustanzeige, Schadensmeldung; Firmen: Bestellungen, Bewerbungsschreiben, Reklamation, Kaufvertrag; Vereine: Kündigung der Mitgliedschaft, Beitrittserklärung

Seite 39:
Kritisch kann gesehen werden:
1. Obligat bedeutet, dass die Kamera nur mit Tasche gekauft werden kann, es wäre daher fair, gleich den Gesamtpreis optisch herauszustellen.
2. Das Inserat gibt sich sehr sachlich durch die vielen genauen Angaben, die einen Laien verwirren. Dabei wird übersehen, dass der Preis ohne Monitor ist.
3. Die groß gedruckten Preise lenken von der Mindestabnahme ab, die für einen normalen Haushalt zu groß ist.
4. Nicht jeder kann oder will sich eine Wohnwand selbst abholen und montieren. Es fehlt eine Information über Möglichkeiten und Kosten von Leih-LKWs.
5. Die Doppelpackung ist teurer als zwei einzelne.

Seite 41:
1) 2. Größe fehlt, Alter des Mantels
3. Ein Angebot zu stellen, ohne dass man die Ware gesehen hat, ist schwer.
4. Welpen sind immer jung. Wichtiger wäre die Information über die Hunderasse und den Preis.
5. Was ist „etwas" Verkehrslärm? Preis und Größe der Wohnung fehlen.

Seite 45:
1)
Herrn
Mag. Alfred Krump
Leonstr. 84
4040 Linz

Frau
Ing. Huber
Kürnbergerallee 16a
D-10785 Berlin
Deutschland

Dr. Rudolf Meißnitzer
Zahnsteingasse 9
4020 Linz

2)
Fa.
Hans Huber
Moltererweg 23
4020 Linz

Dr. Gisela Schmerz
Gelbunkenstr. 2/11/9
1211 Wien

ARBÖ Abschleppdienst
Untere Hauptstr. 187
7100 Neusiedel am See

Postfach 123
1192 Wien

Baufirma ARTS
Wegscheiderstr. 27
1150 Wien

Friseursalon Andrea
Annengasse 6
D-83503 Fehring
Deutschland

Margit und Mag. Hans Weiss
Stifterstr. 33
4100 Ottensheim